Garten-Planset

Die Ideensammlung für individuelle Gärten

Klaus M. Bayer

BELLAVISTA

Freuen Sie sich auf Ihren Garten!

„Wie ein Text braucht ein Garten eine Art von Interpunktion, die das Verständnis von Struktur und Inhalt erleichtert. Ein Garten ohne Akzente ist wie Prosa ohne Satzzeichen oder Musik ohne Takte.“

Tony Lord

Inhalt

Liebe Leser!

„So bunt wie eine Sommerwiese und so spritzig wie ein Wasserspiel“ soll dieses Garten-Planset sein! Wir möchten, dass Sie Ihren Garten sinnvoll und fachgerecht anlegen oder renovieren. Und das mit vielen hübschen Ideen. Denn liebenswerte Kleinigkeiten in einem gut gestalteten Garten sind ein Quell der Freude.

Kreatives Gestalten mit den Planungshilfen macht Freude! Besonders dann, wenn eine solch gelungene Lösung wie auf dem Foto unten dabei entsteht.

Die Redaktion, Designer, Gärtner und Garteningenieure freuen sich, Ihnen eine Palette von reizvollen Themen sowie zahlreiche Anregungen auf den folgenden Seiten vermitteln zu können. Damit Sie die vorgeschlagenen Ideen auch verwirklichen können, haben wir Ihnen jeweils gleich den Hersteller mit angegeben. Über diese Adresse können Sie Informationsmaterial und Bezugsquellen bekommen. Haben Sie mehrere Informationswünsche, senden Sie uns einfach beiliegende Service-Info-Karte zu. Wir leiten Ihre Wünsche gern umgehend weiter.

Nun wünschen wir viel Freude beim Lesen und Planen!

Klaus M. Bayer

Ihr Klaus M. Bayer

Welcher Garten passt zu Ihnen?

An Gartenideen mangelt es sicher nicht. Wichtig ist, dass Sie sich in Ihrem Garten wohl fühlen. Am Anfang jeder Gartenplanung steht die Frage: „Was möchte ich eigentlich im und vom Garten?“ Wir geben Ihnen ein paar Denkanstöße, was Sie außerdem berücksichtigen sollten.

Wohngarten

Steingarten

Rosengarten

Hilfreiche Fragen zur Gartenplanung

- Welches Groß- und Kleinklima herrscht in meinem Garten?
- Wie sind die Lichtverhältnisse; was wirft wo und zu welcher Tageszeit Schatten?
- Welchen Boden finde ich vor, und wie kann ich ihn von Anfang an verbessern?
- Welche festen Gartenelemente, wie Hecken, Wege, Rasenflächen, Terrassen, Teiche, Schuppen, Gewächshäuser, Spielgeräte, Gehölzpflanzungen, Pergolen, Mauern oder Zäune möchte ich einsetzen? Was davon ist mir am wichtigsten?

Wassergarten

Blumen-/Staudengarten

- Wie viel Raum gebe ich den einzelnen Gartenteilen?
- Welche Beete möchte ich fest gestalten, etwa als Stauden- oder Rosenrabatte, und welche Fläche soll variabel für den Flurwechsel, Schnittblumen oder Gemüse sein?
- Möchte ich konsequent ein Gartenthema wie Landhausgarten, Steingarten, Wassergarten oder Bauerngarten umsetzen?
- Spricht mich eine bestimmte Farbgebung besonders an?
- Möchte ich Obst im Garten ernten?
- Wie wichtig sind mir Kinder im Garten; welche Spiel- und Erlebnisräume schaffe ich für sie und mit ihnen?

Kinderspielgarten

Obst-/Gemüsegarten

- Möchte ich meinen Speisezettel durch selbst angebautes Gemüse bereichern – und wenn, wie häufig?
- Finden öfters Gartenpartys oder Sommerfeste statt?
- Gibt es Zeitpunkte, zu denen der Garten besonders repräsentativ aussehen soll?
- Nutze ich den Garten zur Fitness?
- Möchte ich ungestört Sonnenbäder nehmen?
- Ist mir ein Sichtschutz zu den Nachbarn das gesamte Jahr über wichtig oder nur zu bestimmten Zeiten?
- Wie viel Zeit kann ich zur Gartenpflege in der Woche aufbringen?
- Welche Ausstattung an Werkzeugen und Hilfsmitteln ist erforderlich?

Japangarten

Ruhegarten

- Wie und wo wird alles verstaut?
- Was kann ich mit Nachbarn teilen (Grundwasserpumpe, Gewächshaus, bestimmte Gartenwerkzeuge etc.)?
- Welchen finanziellen Rahmen räume ich der Gartenanlage und der Gartenpflege ein?
- Falls nicht alle Träume auf einmal verwirklicht werden können: In welchen zeitlichen Ausbaustufen plane ich meine Gartenanlage?

Bauerngarten

Abb.: Metten Stein + Design

Grundsätzliches zur Gartengestaltung

Bevor Sie sich an die Gestaltung Ihres Gartens machen, sollten Sie gründlich planen und sich mit der Materie vertraut machen. Schon im Planungsstadium sollten Träume und Möglichkeiten unter einen Hut gebracht werden, damit Sie später keine Enttäuschung erleben.

Immer noch gehen die meisten Gartenbesitzer relativ planlos vor. Hier werden einige Bäume gepflanzt, und da diese Fläche in den ersten Jahren noch sehr offen wirkt, wird nachgepflanzt. Plötzlich steht der Gartenbesitzer vor einem schier undurchdringlichen Gewucher, das zu guter Letzt dem dahinter liegenden Nutzgarten das nötige Licht nimmt. Oder aber der Garten ist so zugepflanzt, dass man keinen vernünftigen Platz mehr für den Komposthaufen finden kann.

Also: Planen Sie rechtzeitig und fachgerecht! Sie werden in diesem Buch wichtige Hinweise zur grundlegenden Gartengestaltung, Planung und Ausführung erhalten und mit den beiliegenden Planungshilfen anschaulich die optimale Konzeption für das Ihnen zur Verfügung stehende Areal entwickeln können. Dies wird sich auch günstig auf Ihren Geldbeutel auswirken, denn als Ihr eigener „Gartenplaner und Gartenarchitekt“ können Sie in Detailfragen ganz gezielt einen Fachmann ansprechen. Mit Ihrem individuellen Gartenplan können Sie die einzelnen Arbeitsschritte präzise abstimmen und gezielt in Angriff nehmen.

Die Gestaltung Ihres Gartens hängt natürlich zunächst von Ihrem persönlichen Geschmack und Ihren Wünschen ab. Die wichtigste Frage ist somit zuerst: Was will ich alles in meinem Garten machen ? (Siehe auch S. 8/9)

Erstellen Sie sich zunächst eine Wunschliste, in die Sie alles eintragen, was Sie in Ihrem Garten unterbringen möchten.

Diese Liste mit Ihren grundlegenden Wünschen an die Funktionen Ihres zu-

Abb.: Garpa

Die einzigartige Sonnenrose aus dem Garten-Planset eignet sich bestens für das Festlegen des Standortes der Pflanzen, Sitzplätze usw.

künftigen Gartens müssen Sie dann mit den spezifischen Gegebenheiten Ihres Gartens – der Lage, dem Klima, der Bodenbeschaffenheit und nicht zuletzt dem speziellen Sonneneinfall und den Windverhältnissen – in Einklang bringen.

Sie übernehmen einen vorhandenen Garten

Oft zieht man in ein Haus mit Garten, der von dem vorherigen Besitzer schon nach dessen Vorstellungen mit Leben erfüllt worden ist.

Wenn Sie diese neue Umgebung attraktiver gestalten wollen, sollten Sie zunächst eine kritische Bestandsaufnahme der vorhandenen Gartenanlage vornehmen.

Überlegen Sie genau, ob der Baum, der Sie im ersten Moment stört, wirklich entfernt werden muss. Vielleicht stellt sich bei genauerer Betrachtung heraus, dass dieser Baum, vielleicht in gestutzter Form, doch in Ihre Planung passt!

Versuchen Sie, die Planungsüberlegungen Ihres Vorgängers nachzuvollziehen. Vielleicht erweist sich dieser Plan als praktischer, als Sie zunächst glaubten. Durch den Abriss einer Mauer, die Anlage einer neuen Blumenrabatte oder der Ansiedlung einiger Kletterpflanzen kann ein bestehender Garten schon einen ganz anderen Charakter bekommen. Kleine Detailveränderungen können große Wirkungen in Ihrem Garten erzielen.

Die Garten-Neuanlage

Wenn Sie selbst ein Haus gebaut haben oder bauen wollen, so soll der Garten mit dem Haus und der Umgebung harmonieren. Sie möchten bestimmt einen Garten, der das ganze Jahr über einen erfreulichen Anblick bietet - und dies nicht nur von der Straße aus. Generell lässt sich Ihr Garten in einen Vorgarten und den rückwärtigen Garten aufgliedern. Während der Vorgarten quasi den optischen Rahmen für das Haus bildet, bietet der rückwärtige Garten sich dem Betrachter aus dem Inneren des Hauses das ganze Jahr über dar.

Der Vorgarten soll den individuellen Charakter Ihres Hauses unterstreichen. Da werden Sie mit uns übereinstimmen, dass zu einem Bungalow ein japanisch orientierter Vorgarten schwerlich passen dürfte. Der rückwärtige Garten soll Ihren individuellen Vorstellungen entsprechen. Inwieweit Sie alle Ihre Wünsche an Ihren Garten verwirklichen können, hängt natürlich von der Größe und Lage des Areals ab. So können wichtige Grundüberlegungen Ihre Gartenplanung bestimmen. Zum Beispiel möchten Sie von der Küche und der Terrasse aus Ihre Kinder immer im Auge haben. Oder aber der nahe gelegene Kirchturm soll von der Terrasse aus, eingerahmt von einigen Bäumen, das Jahr hindurch gut sichtbar sein. Vielleicht aber wollen Sie Ihren Garten auch mit den typischen Eigenschaften der umliegenden Gärten ausstatten. Welchen individuellen Gartentyp, gemäß Ihren Bedürfnissen und charakteristischen Eigenschaften der Umgebung, Sie sich auch zulegen wollen: Entsprechend der Größe des Areals und seiner Lage werden Sie in diesem Buch wertvolle Hinweise für die verschiedensten Gartentypen finden.

Abb.: Metten Stein + Design

Die richtige Planung und Ausführung Ihres Gartens

Jetzt haben Sie also endlich Ihren eigenen Garten sowie eine erste Übersicht über die zu beachtenden Faktoren bei der Planung und Ausführung. Nun ist es an der Zeit, dass Sie an das konkrete Planen gehen. Wir haben Ihnen in diesem Kapitel schon den Rat gegeben, eine Wunschliste bzw. eine Bestandsaufnahme der vorhandenen Gegenstände zu erstellen. Die von uns für Sie erarbeiteten Kalkulationsbögen ermöglichen Ihnen eine schnelle und vor allen Dingen übersichtliche Abstimmung mit Ihrem Budget.

Als Erstes müssen Sie nun Ihren gesamten Besitz genauestens ausmessen. Dabei beginnen Sie natürlich bei den geplanten oder schon vorhandenen Baulichkeiten (Haus, Garage, Gartenhäuschen). Im günstigsten Fall besitzen Sie eine Architektenzeichnung im häufig anzutreffenden Maßstab 1:100. Dann brauchen Sie an Ihrem Haus den Zollstock für die Gartenplanung gar nicht anzulegen. Entweder schneiden Sie einfach eine Kopie der vorliegenden Zeichnung aus und platzieren Sie dann später richtig auf unserem Grundstücksbogen oder Sie bedienen sich ganz einfach des beiliegenden Hausgrundrasters. Sie brauchen das Grundrissraster nur entsprechend Ihrer Hausmaße auszuschneiden.

Etwas mehr Arbeit sollten Sie sich machen, wenn Sie ein Haus gekauft, gemietet oder gepachtet haben, das älteren Datums ist und womöglich noch über nachträglich angebaute Teile verfügt. In diesem Fall kommen Sie nicht darum herum, Ihr Haus auszumessen, denn oft lassen sich keine exakten Pläne mehr finden. Allerdings können Sie im Allgemeinen davon ausgehen, dass Ihr Haus in 90°-Winkeln gebaut ist. Es reicht also aus, wenn Sie exakt die gesamten Außenflächen ausmessen. Sie sollten dabei auch auf die Vermessung der Fenster und nach außen gerichteten Türen achten. Sichtversperrung durch hochwachsende Bäume oder ungünstig gezogene Mauern kann Ihnen später womöglich Verdruss bereiten. Wenn das um Ihr Haus liegende Areal nicht schon exakt ausgemessen ist, sollten Sie auch hier – soweit möglich – in 90°-Winkeln zu messen versuchen. Gehen Sie dabei von den Ecken Ihres Hauses aus. Von den Hausecken aus messen Sie in gerader Verlängerung den Abstand zum jeweiligen Grundstücksrand. Dann messen Sie die Außenfläche Ihres Grundstückes und markieren die Endpunkte z.B. mit einem Holzpflock. In der Regel haben Sie Ihr Grundstück ausreichend vermessen, wenn Sie nun noch die Abstände zwischen den eben genannten Markierungspunkten und den Grundstücksecken aufmessen.

Bei Grundstücken, die nicht in der heute üblichen Form rechteckig ausgelegt sind, sollten Sie versuchen, auch dort so weit wie möglich in 90°-Winkeln zu messen. Bei größeren Höhenunterschieden auf Ihrem Gelände sollten Sie die Hilfe eines Vermessungsfachmannes in Anspruch nehmen.

Bei einer schon vorhandenen Gartenanlage empfehlen wir Ihnen, auch die vorhandenen Mauern, Treppen, Zäune sowie die Büsche und Bäume genau zu erfassen. In dem Garten-Planset finden Sie zahlreiche Symbole wie Bäume, Büsche, Stauden, Blumen, Beete, Hecken, Mauern und vieles mehr, die es Ihnen ermöglichen, die vorhandenen oder gewünschten Gegenstände auf dem beiliegenden Grundraster zu platzieren.

So können Sie sich besser vorstellen, wie sich der Charakter des vorhandenen Gartens ändert, wenn man hier eine Mauer, dort einen Baum entfernt oder ein neues Beet anlegt. Durch das Planspiel ersparen Sie sich die mühevolle Arbeit mit Lineal, Zirkel und Papier.

Gartenplanung mit Hilfe der Planset-Symbole

Nachdem Sie den Hausgrundriss im Maßstab 1:100 aus einer vorhandenen Architekturzeichnung übernommen haben oder mit Hilfe des Zeichenrasters im Maßstab 1:100 neu gezeichnet haben, sollten Sie zuerst spielerisch die Gartensymbole hin- und herschieben, um eine erste Vorstellung von Ihrem „Wunschgarten“ zu bekommen. Nachdem so Größe und Lage der Freiflächen, Sitzplätze, Hecken usw. festgelegt worden sind, kleben Sie die ausgeschnittenen Planungssymbole auf dem großen Grundraster fest.

Die Abbildung unten zeigt das Resultat der Gartenplanung: ein Wohngarten, in

Dieses Beispiel zeigt eine gelungene Gartenplanung mit Hilfe der Planset-Symbole.

dem die Bepflanzung, Sichtschutz, Freiflächen, Sitzgruppe und die Teichelemente zu einer gelungenen Gesamtkomposition verschmelzen.

Vom Plan zur Ausführung

Wenn Sie Ihre Wünsche konkretisiert haben, können Sie sich nun daran machen, den entwickelten Plan Schritt für Schritt zu verwirklichen. Auch nützliche Kenntnisse der örtlichen Gegebenheiten haben Sie inzwischen in Gesprächen mit Nachbarn und Fachleuten bestimmt gewonnen.

Als Erstes sollten Sie von Ihrem Grundstück alles, was stört, entfernen. Bei einem alten Garten mögen es etliche Pflanzen und eine Mauer sein, die nicht in Ihre Pläne passen. Oder da sind vielleicht Äste, die Sie ausschneiden möchten, um der bestimmten Gartenecke einen anderen Charakter zu geben. Bei einem neuen Garten müssen Sie wahrscheinlich zunächst den Bauschutt abfahren lassen und dann prüfen, wie dick der darunter liegende Mutterboden ist. Eine gründliche Unkrautbeseitigung gehört selbstverständlich auch zu den ersten Arbeiten.

Jetzt können Sie damit beginnen, Ihren Plan auf die Gartenfläche zu übertragen. Ausgerüstet mit ausreichend Schnur, einem Maßband, Holzpfählen und einem Holzhammer stecken Sie zunächst alle rechteckigen Flächen ab. Hierbei reicht es im Allgemeinen, wenn Sie die Eckpunkte mit Pfählen markieren. Bei geschwungenen Linien (z.B. Rabatten) können Sie in kurzem Abstand (ca. 80 cm) kleine Holzlatten in das Erdreich schlagen und sie mit der Schnur miteinander verbinden. Auf diese Weise stecken Sie alle Randlinien ab – auch die des Sandkastens, der Pergola, des Gartenhauses usw.

Prüfen Sie jetzt vorsichtshalber, ob alle geplanten Wege auch breit genug sind, damit man z.B. mit einer Schubkarre auch zwischen den Beeten gut durchkommt.

Haben Sie eine Zufahrt zu Ihrem Haus geplant, gilt es jetzt auszuprobieren, ob auch wirklich genug Platz da ist, um unbeschwert auf beiden Seiten des Autos aussteigen zu können. Überzeugen Sie sich also rundum, ob Ihr Plan sich in der Ausführung auch wirklich als so optimal herausstellt.

67

Der Vorgarten

Der erste Eindruck der Haus- und Gartenfront ist mitentscheidend. Ist Ihr Vorgarten gepflegt, ideenreich gestaltet, hell und freundlich, so ist er die beste Visitenkarte für Sie.

Träumen Sie schon lange von einem abgeschlossenen Haus, in das Sie sich zurückziehen können vom täglichen Stress, dann hat es Ihnen vielleicht der dichte und hohe Bewuchs angetan. Dieser kann Ihrem Heim durch die Anordnung etlicher mittelhoher Büsche und sogar einiger Bäume den Charakter eines abgeschiedenen Idylls vermitteln. Hingegen kann ein dunkler, zugewachsener Vorgarten für Ihre Besucher abweisend und abschreckend wirken.

Andererseits können Sie sich von einem klar und übersichtlich strukturierten Garten angezogen fühlen. Ein breiter, einladender Zugang mit farbenfrohen Wegplatten und mit vom Frühling bis in den Herbst blühenden Blumen, seien es Krokusse, Schneeglöckchen, Hyazinthen im Vordergrund und Tulpen oder Narzissen weiter hinten. Ein derartig gestalteter Vorgarten wirkt freundlich und einladend. Allerdings sollten Sie Ihren Vorgarten nicht „überladen".

Abb. links: Dieser Vorgarten zeigt, dass hier besonderer Lebensstil zu Hause ist! Pflastersysteme mit passenden Stellen und Stufenelementen sind mit den Anpflanzungen zu einer anspruchsvollen Gartenarchitektur gestaltet worden.
Abb.: Arcadia-Platten Milano und La Linia, Pflastersteine basaltanthrazit von Metten Stein + Design.

Für eine richtige Beleuchtung Ihres Vorgartens sollten Sie in jedem Fall sorgen. Nicht nur Sie und Ihre Besucher sollten bequem zum Haus gelangen. Wenn Sie z.B. eine Ölzentralheizung besitzen, muss ein bequemer Zugang zum Tank gewährleistet sein. Auch sollte der allwöchentliche Transport der Mülltonne zum Straßenrand kein Spießrutenlauf werden. Wenn Sie einen Garten insgesamt neu planen, sollten Sie neben der Charakterisierung Ihres Hauses durch den Vorgarten auch die Eigenschaften der vorbeiführenden Straße mit einbeziehen. Geplante oder existierende Bäume entlang des Bürgersteiges sollten Sie dazu veranlassen, Ihren Vorgarten mit kleineren Pflanzen auszustatten. Nur so steht Ihnen während der Sommermonate im Vorgarten für sonnendurstige Pflanzen auch genügend Licht zur Verfügung. Verfügt der Straßenrand über keine Baumbepflanzung, so können Sie bei entsprechender Größe Ihres Areals auch Bäume planen und pflanzen.

Allerdings sollten Sie sich in diesem Fall verschiedene Baumarten vorher anschauen und sich Informationen über ihre durchschnittliche Größe und den benötigten Mutterboden besorgen. Verschiedene Bäume vermitteln auch einen sehr unterschiedlichen Charakter Ihres Gartens. Fichten sind z.B. in Vorgärten nicht angebracht, da sie immer einen sehr strengen Eindruck vermitteln. Wenn Sie Bäume in Ihrem Vorgarten

Diese kreative Gestaltung mit Mauern und Pflasterelementen bildet eine interessate Vorgartenarchitektur.
Abb.: Metten Stein + Design

unterbringen möchten, denken Sie immer daran: Überladen Sie Ihren Vorgarten (langfristig gesehen) nicht.

Die meiste Sonne möchten Sie wahrscheinlich auf der Rückseite Ihres Grundstücks haben, wo die Terrasse liegt. Dadurch herrscht im Vorgarten also entsprechend mehr Schatten. Hier gedeihen ausgesprochene Sonnenpflanzen, wie z.B. auch viele Rosenarten, nicht so gut. Achten Sie deshalb bei der Bepflanzung Ihres Vorgartens auf die Hinweise in den Pflanzenlisten der Gartencenter und Garten-Baumschulen. Dort sind im Allgemeinen die schattenliebenden Blumen und Sträucher gesondert ausgewiesen.

Gerade lang währendes Grün tut Ihrem Vorgarten gut. Rhododendron, Ligusten und Kirschlorbeer sind nur einige Beispiele für immergrüne Vorgartenpracht. Auch Kletterpflanzen können die Charakteristik Ihres Hauses sowohl unterstreichen als auch verändern. Schon immer bevorzugt wurde hier Efeu. Aber auch Wein macht sich sehr gut.

So wie Ihr Vorgarten durch seine Pflanzen und Wege einen wesentlichen Gesamteindruck Ihres Grundstückes für den Besucher vermittelt, so wesentlich ist auch die Umzäunung Ihres Areals. Hierzu bringen wir an anderer Stelle des Garten-Plansets Hinweise und Anregungen.

Kurzum: Beachten Sie immer die charakterbildende Funktion Ihres Vorgartens für das gesamte Terrain. Bepflanzung, Zugänglichkeit, Pflegeleichtigkeit und nicht zuletzt die individuelle Aussage müssen in einem ausgewogenen Verhältnis stehen.

Der Vorgarten ist die Visitenkarte des Hauses

Warum soll der Besucher erst im Haus und im Garten erkennen, dass seine Gastgeber treffsicheren Geschmack und Geschick in der Planung ihres Anwesens haben? Gerade die gärtnerische Gestaltung des Eingangsbereiches ist wie eine Visitenkarte des Hauses.

Ein besonderer Reiz der Eingangssituation in der Zeichnung auf S. 15 liegt in der Verwendung unterschiedlicher Materialien beim Wegebau und dem Verzicht auf die sonst oft praktizierte, langweilige Vorgartengeometrie. Der zum Eingang hin geschwungen angelegte Treppenaufgang aus Bahnschwellen und Kopfsteinpflaster wirkt einladend und elegant. Diesen Eindruck unterstützen die Pflanzen, deren Grün sich frei entfalten kann.

Viele pflegeleichte, polsterbildende Gräser, Pampasgras, Hartriegel, Rhododendron, Azaleen, verschaffen dem Vorgarten zusammen mit Zierkirsche, Bergkiefern, Stechpalme und Pfaffenhütchen Kontur.

Eine Vielzahl von unermüdlich wachsenden Blütenstauden (Thymian-Polster, Johanniskraut, Fetthenne ...) „unterschwemmen" Sträucher und Bäume mit Blütenmeeren und lassen den sonst oft nahe liegenden Gedanken an Cotoneaster-Bodenbedeckung erst gar nicht aufkommen und für immer vergessen.

Bruchsteine und Findlinge werden in diese schwungvolle grüne Inszenierung ebenso natürlich wirkend einbezogen wie andere Details, z.B. die Treppenbeleuchtung mit nach unten gerichtetem Lichtstrahl.

Diese sichert nicht nur den Zugang zum Haus, sondern macht am Abend im Zusammenspiel mit der Wohnhausbeleuchtung den Eingangsgarten zu einem interessanten Anblick.

Der Reihenhausgarten

Beim zumeist kleinen Reihenhausgarten muss die Gestaltung besonders gut durchdacht sein. Durch geschickte Bepflanzung mit Blumen und Stauden bringen Sie den Sommer über Abwechslung in den Garten.

Im Winter sorgen immergrüne Pflanzen dafür, dass die Farbe nicht ganz verloren geht. Planen Sie auch Kletterpflanzen für eine Pergola oder Holzspaliere mit ein. Setzen Sie Akzente durch ein kleines Wasserbecken mit Wasserspiel, einen Mini-Kräutergarten oder eine Ziergras-Oase. Wenn schon das Haus in der Reihe gebaut ist, so sollte der Garten auf keinen Fall ein Serienprodukt sein. Auch schmale, kleine Gärten lassen sich in Paradiese zum Wohnen, Spielen und Naturgenießen verwandeln.

Der gezeigte Garten mit leichter Hanglage ist in mehrere Schwerpunktbereiche gegliedert:

- Kleine, gleichmäßig geformte Pflasterziegel lassen die Terrasse optisch größer wirken.
- Bahnschwellen (oder aus ökologischen Gründen vorzugsweise imprägnierte Kanthölzer) bilden die Treppe zur zweiten Ebene, die durch Aufschüttung feinen Kieses befestigt ist.
- Rechteckige Trittsteine grenzen diese Fläche zum Spielbereich mit Sandkasten und zur Rasenfläche hin ab. Der Rasen ist der am niedrigsten liegende Bereich.
- Räumlichkeit erhält diese größer wirkende Flächengestaltung durch eine Hecke aus Koniferen (Lärche, Hemlocktanne, Silberkiefer) und interessanten Laubgehölzen (Ölweide, Schneeball, Duftjasmin, Spierstrauch).
- Im übrigen Gartenbereich finden sich nur hoch aufragende Baumformen, sodass der Effekt von Größe und Weite erhalten bleibt (Eberesche, Zierapfel, Japanische Säulenkirsche, Götterbaum ...).
- Kleine Staudenbeete mit Gräsern und Blütenpflanzen fehlen ebenso wenig wie üppig wachsende Kletterpflanzen (Efeu, Kletterhortensie), die dem Wohnhauswinkel etwas von einem verwunschenen Garten geben. Majestätisch wacht die blaudoldige Glycine über das Geschehen in diesem Gartenreich, das zwar klein an Fläche, aber groß an wirkungsvollen Gestaltungsmöglichkeiten ist. Die Terrasse sollte eine Fortsetzung des Wohnraumes unter freiem Himmel bilden. Sie kann später auch einmal zum Wintergarten umgebaut werden, um noch mehr im „Freien" wohnen zu können. Grundsätzlich sollte kein Garten in seiner Gestaltung dem anderen genau gleichen. Denn durch Persönlichkeit und individuelle Nutzung sowie unterschiedliche Bedürfnisse und Geschmäcker sollte die Gartengestaltung geprägt sein. Die erfolgreiche Gestaltung eines Reihenhausgartens liegt in einer gut durchdachten, ideenreichen Anordnung!

Beispiel eines Reihenhausgartens

Die Problematik: Gartengestaltung auf kleinstem Raum und Abgrenzung zum Nachbarn.

Möchte man einen kleinen, rund 50 m² „großen" Garten von Anfang an richtig gestalten, heißt es gut überlegen. Die ausgewählten Stauden und Gehölze sollen möglichst klein bleiben. Zu große Pflanzen lassen einen kleinen Garten noch kleiner und enger wirken. Zudem besteht die Gefahr, dass der Garten zu dunkel wird und sich schnell Krankheiten und Schädlinge breitmachen können.

Abb. links: Dieser Reihenhausgarten ist auf ansprechende Weise mit einer Sichtschutzwand aus Holz getrennt.
Hersteller: Brügmann TraumGarten

Die Redaktion Garten-Planset stellt Ihnen hier gelungene Reihenhausgärten vor, die demonstrieren, wie man selbst auf engstem Raum mit einem gartenarchitektonischen Konzept seine kleine „grüne Oase" gestalten kann.

Die architektonische Situation

Bei Reihenhausgärten ist die Terrasse zumeist vom Bauträger vorgegeben. Als Gestaltungselemente stehen den Architekten raumbildende Maßnahmen zur Verfügung.
Wasser ist zum Beispiel ein Element, das durch Bewegung und Spiegelung einen kleinen Garten optisch vergrößern kann. Kleine Mulden, Wälle und ebene Flächen lenken das Auge des Betrachters auf immer wieder andere Details. So wird der kleine Garten nie langweilig.
Vorsicht ist bei der Auswahl der Pflanzen auch in Bezug auf die Menge der Arten geboten. Zu viel Buntes bringt optische Unruhe in die kleinen Flächen.

Ideal für den Minigarten ist dieses Kastenset für Blumen und ein Wasserspiel.
Hersteller: Brügmann TraumGarten

Der Landhausgarten

Prinzipiell sollte bei der Gestaltung eines Landhausgartens als oberstes Gebot der jeweilige Charakter der ländlichen Umgebung mit einbezogen werden.

Eine hohe, abschirmende Ligusterhecke bildet den grünen Rahmen dieses auf Freizeitspaß ausgerichteten ländlichen Gartens (s. Zeichnung).

Das etwa 400 qm umfassende Areal hat, entsprechend seinem alten Bauerngarten-Vorbild, zwar eine strenge Gliederung, aber dem Erholungs- und Mußebereich kommt doch mehr als die Hälfte der Fläche zu.

Der übersichtlich gestaltete, mit Buchsbaumhecke und Bruchsteinplatten eingefasste Nutzgarten hat eine Größe, die die Garten- und Erntearbeit nicht zu einer Last werden lässt.

Eine Obstbaumwiese mit Gartenhäuschen ist der ideale Spiel- und Lernplatz für Kinder.

Die Pergola über die gesamte Grundstücksbreite ist mit Kletterpflanzen überwuchert und macht den Übergang in die „Arbeitsbereiche" leicht. Es gibt einige Höhenunterschiede, die mit Rundholzpalisaden abgefangen werden und reichlich Möglichkeiten zur Anlage verschiedenster Gartenthemen bieten.

Hier entschied sich die Familie für den großen Rasen mit jeweils einer Treppe zur Obstwiese und zum Rundum-Gartenweg. Die Rasenfläche ist eingebettet in ein Meer von Blüten und Formen. Der alte, hohe Baumbestand wirkt besonders harmonisch auf das Gartenbild. Ein Gartenweg, mit Bruchsteinplatten urig gestaltet, führt an Blumen-, Stauden- und Rosenbeeten vorbei, zum zur „Freizeitarbeit" einladenden Gemüsegarten. Weiter geht es zum Gartenhaus, das eine kleine Terrasse zum Verschnaufen hat.
Hier muss sich der Hobby-Gärtner entscheiden, ob er zu Gartengerät und Dünger greift oder ob er angelockt durch die Blütenfülle der romantisch umrankten Pergola und den fernen Duft frischen Kaffees aufbricht, um vorbei an Obstbäumen und dem kleinen Teich zur großen Wohnterrasse zurückzukehren!
Dort wird er, vielleicht angeregt von Farben, Formen und Düften, eine neue Idee für seine abwechslungsreiche Gartenlandschaft bekommen.

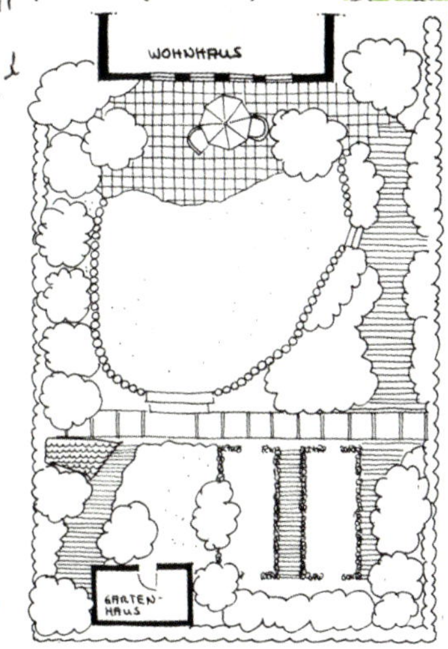

Grundriss (Sicht von oben)

Abb. links: Eine Gartenanlage, die mit einer Fülle von ländlichen Pflanzen einen harmonischen Rahmen um die Rasenfläche bildet. Natürlich eingebettet ist die zweite Sitzecke, die mit vielen Topfpflanzen besonderen Charme hat.
Abb.: Metten Stein + Design

Tipps zur Planung eines Landhausgartens

Es kommt heutzutage äußerst selten vor, dass man die Gelegenheit hat, einen Landhausgarten ganz neu zu planen und zu gestalten. Häufiger wird man in ein Haus auf dem Lande ziehen, um das herum schon ein ausgewachsener Garten von Ihren Vorgängern angelegt worden ist. Akzeptieren Sie die vorhandenen Pflanzen so weit wie möglich und versuchen Sie, die Planung des vorhandenen Gartens mit Hilfe des Garten-Plansets richtig zu verstehen. Vielleicht kommt das Areal mit nur geringfügigen Änderungen Ihren Wünschen näher, als Sie im ersten Moment dachten. Nur wenn in der Praxis sich die vorliegende Gestaltung als unmöglich erweist, sollten Sie das Grundstück ganz neu konzipieren.

Gerade für junge Familien kann ein Landhausgarten interessant sein. Die Kinder haben dort die nötige Bewegung und leben in der Natur auf, können Radieschen säen und ernten, auf Bäume klettern, sich Buden bauen und austoben; so werden sie sozusagen mit Flora und Fauna groß!

Haben Sie das Glück, ein noch unberührtes Stück Land erworben zu haben, so denken Sie daran: Planen Sie von Anfang an die gesamte Anlage, selbst wenn Sie aus Zeit- oder Kostengründen die Ausführung in mehreren Abschnitten vornehmen möchten.

Ein romantisches Plätzchen lädt zum Entspannen und Plaudern ein.

Herrlich, sein eigenes Gemüse ernten zu können.

Der Wohn- und Nutzgarten

Der Landhausgarten bietet wohl die umfassendsten Möglichkeiten, persönliche Wünsche zu realisieren. Bei einem entsprechenden Areal verfügen Sie über genügend Platz für einen Wohngarten (Terrasse, Wasserbecken, Staudenbeete, Wäschetrockenplatz, Sandkasten, Liegewiese etc.) und einen Nutzgarten. In Ihrem Landhausgarten sollte es keine starren Formen geben. Das ganze Jahr über blühen Ihre Rabatten, wenn Sie die Pflanzen richtig auswählen. Hervorragend eignen sich Zwiebelgewächse wie Tulpen, Osterglocken oder Lilien. Auch Rosen machen sich gut – von Halbstammrosen bis hin zu Kletterrosen zur Begrünung von Wänden, Mauern und Pergolen.

In den Landgarten werden beständig verschiedenartige Unkrautsamen geweht. Die meisten Unkräuter werden Sie auf Ihrem Grundstück nicht dulden. Doch einige dieser Pflanzen wie Holunder, Waldrebe oder verschiedene Gräser können durchaus Ihren Garten bereichern und noch mehr Abwechslung bringen. Ein zweiter Sitzplatz bietet sich für einen Landgarten geradezu an. An einem kleinen Teich (s. Abb. links) oder einem großen Baum macht sich eine Bank oder Tisch mit Stühlen ganz hervorragend. Dieser zweite Sitzplatz sollte über einen Plattenweg von der Terrasse aus erreichbar sein. In der Nähe dieser Sitzgruppe ist auch der Sandkasten für die jüngsten Mitbewohner gut aufgehoben. Bäume sind in einem Garten auf dem Land wohl selbstverständlich. In der Nähe des Hauses empfehlen sich große, Schatten spendende Bäume. Dagegen bieten sich für die Umrandung des Grundstückes halbhohe Büsche und Bäume an. Oftmals befindet sich in unmittelbarer Nähe des Grundstücks ein Park, ein Friedhof oder ein Wald, die mit ihren ausgewachsenen Bäumen einen interessanten Hintergrund bilden. Ist der Ausblick von Ihrem Areal allerdings nicht sehr erfreulich, sollten Sie das Pflanzen von höheren, dichten Bäumen in Erwägung ziehen.

Denkbar sind in diesem Fall Tannen oder Fichten, die zudem die Einsicht in Ihr Grundstück verhindern. Diese immergrünen Bäume empfehlen wir Ihnen auch zur Einfriedung des Mülltonnen- und Wäschetrockenplatzes.

Bedenken Sie bei allen Pflanzen Ihres Landgrundstückes immer, ob Ihre Zeit ausreicht, die ganzen anfallenden Gartenarbeiten auch ausführen zu können. Schließlich wollen Sie in Ihrem Garten nicht nur arbeiten, sondern sich auch von Ihrem Tagewerk erholen! Gerade das Mähen von extremen Steigungen und Böschungen ist sehr anstrengend und zeitraubend. Wir empfehlen Ihnen, derartige Flächen mit bodenbedeckenden Gehölzen zu bepflanzen. Notwendige Durchgänge lassen sich einfach mit kleinen Treppen bewerkstelligen. Denkbar sind auch verschieden hoch liegende Ebenen, die durch Betonmauern abgesetzt sind.

Ein bildschöner Garten-Pavillon geschickt in die Landschaft integriert.

Unser Tipp:

Legen Sie den Sandkasten von vornherein so an, dass er ohne große Arbeit später als umfriedetes Kräutergärtchen oder als Wasserbecken genutzt werden kann.

Gartenhaus und Pavillon

In Ihrem Landhausgarten wünschen Sie sich vielleicht auch ein Gartenhaus bzw. Pavillon. Hier können Sie zur genüsslichen Teestunde einladen, „Urlaub“ machen und die Gartensaison gemütlich verlängern. Platzieren Sie dieses Häuschen so, dass Sie von ihm aus alle Arbeitsplätze im Garten optimal erreichen können. Ihr Landhausgarten bietet Ihnen also sowohl die hervorragende Möglichkeit, sich körperlich zu betätigen, Ihren Kindern die Wunder der Natur nahe zu bringen und mit Gästen ausgiebig zu feiern, als auch die Möglichkeit der optimalen Erholung. Gerade der Landhausgarten sollte nicht straff und streng wirken, sondern Sie und Ihre Besucher an jeder Ecke spüren lassen, dass Ihr Garten lebt!

Der Bauerngarten – wieder neu entdeckt

In vergangenen Jahrzehnten fast vergessen, wendet sich heute der Mensch wieder dem Bauerngarten zu. In ihm scheint sich die Gartensehnsucht der Menschen am besten zu erfüllen. Die Vorstellungen des idealen Bauerngartens sind vielfältig. Hier stellen wir Ihnen ein besonders gut gestaltetes Beispiel vor.

Dieser prächtige Bauerngarten erinnert an das ländliche Leben von früher. Hoch am Hang des Teutoburger Waldes liegt dieses hervorragend gestaltete Bauernhaus mit weitem Blick in das Ravensburger Hügelland. Die Gartengestaltung stammt von Dr. Hans Ulrich Schmidt.

Reich gegliedert durch kleinere Wälder, Baum- und Strauchgruppen, zieht sich die Feldflur um das Anwesen bis zur bewaldeten Krone des Bergzuges.

Die Geborgenheit des kleinen Gartens bringt die Schönheit der Umgebung voll zur Geltung.

Eine halbhohe Eibenhecke umgrenzt den vor dem Fachwerkgiebel gelegenen Garten und gibt der begleitenden Staudenpflanzung Halt und Richtung. Von Buchsbaum begrenzte Kieswege gliedern die Sommerblumen-beete in althergebrachter Kreuzform mit einem runden Mittelbeet. Stockrosen beleben die Hauswand und ein Apfelbaum gibt der schönen Gartenbank Schatten.

Was erwarten Sie von einem Bauerngarten? Da ist vor allem die Geborgenheit eines unbegrenzten Freiraumes und die enge Verbindung zum Haus zu nennen. Dann erfreut uns eine klare, manchmal auch regelmäßige Gestaltung des Gartens. Die formlose „Begrünung“ von Gartengrundstücken, wie man sie häufig findet, wird den Menschen bald langweilig. Daran kann auch die Kostbarkeit des teuersten „Immergrün“ nichts ändern.

Ohne Fürsorge und Liebe kann der Bauerngarten nicht bestehen

Das Wichtigste, was wir im Garten suchen und finden müssen, ist die Freude an Pflanzen, Blumen und Bäumen. Der Bauerngarten lehrt uns, die Einzelpflanze ebenso wie Pflanzgruppen zu schätzen. Hier erleben wir die Sommerblume und die Staude ebenso wie Gewürzpflanzen, Rosen oder Beerensträucher. Aber wir werden nur dann Erfüllung unserer Gartensehnsucht finden, wenn wir dem Garten unsere volle Zuneigung schenken. Den ganzen Sommer über zaubert die fachkundige Hand der Hausfrau Schönheit und Blütenfülle in diesem kleinen Garten hervor, und im Winter erfüllt er die Hausbewohner mit Hoffnung auf Frühling und neues Blühen.

Beispiel eines gelungenen Blumenrondells, das als Mittelpunkt und Blickfang dient.

Traditionelle Formen der Beet- und Wegegestaltung

Zeichnungen von links nach rechts:

1) Diese klassische Form mit Wegekreuz teilt den Garten symetrisch auf. Vier Beete bieten Raum für Salat und Gemüse, die Wegränder für Blumen und Kräuter.

2) Ein Rondell in der Wegekreuzung schafft einen optischen Mittelpunkt, der mit Buchskugeln oder auch mit Johannisbeerhochstämmen bepflanzt werden kann.

3) Für kleine Gärten eignet sich dieser einfache Grundriss, um mehr Platz zu haben.

4) Ein reizvolles, verspieltes Rondell (siehe Bild oben): In dieser Form kann auch ein Kräuterblumen-Garten angelegt werden.

Es gibt viele Arten, einen Bauerngarten zu gestalten:

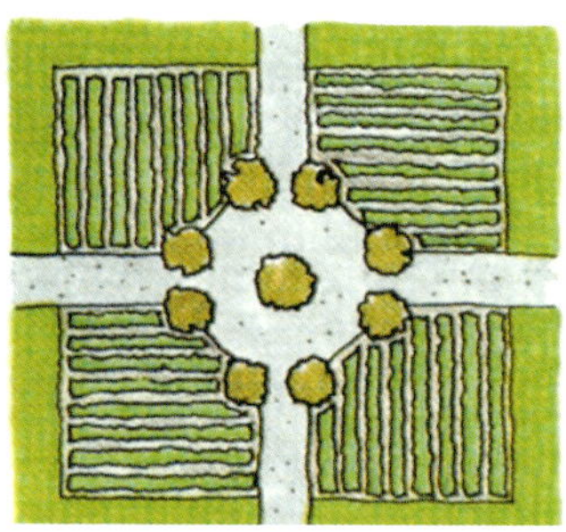

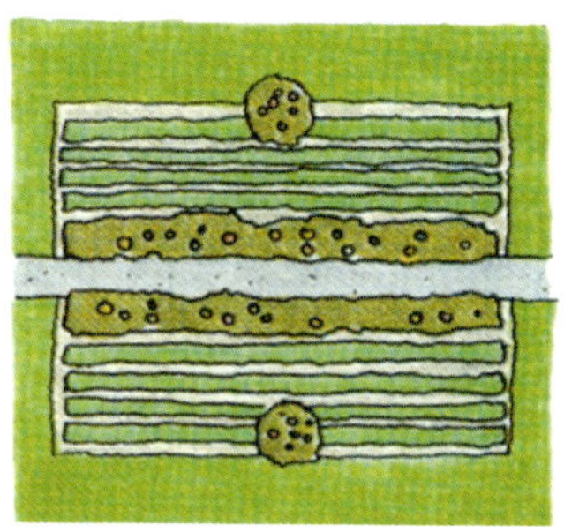

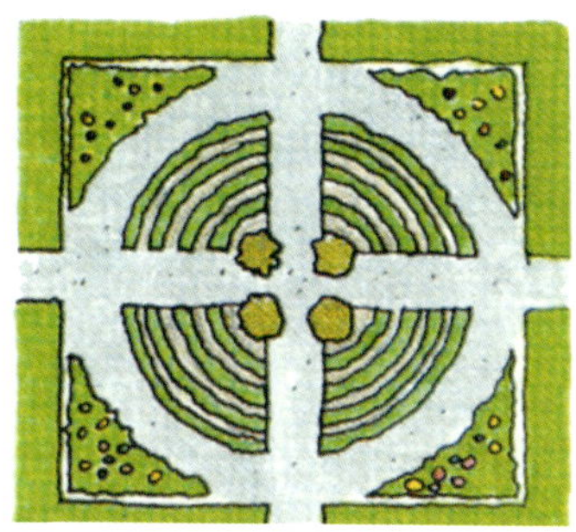

Kleiner Garten mit provençalischem Flair

Hier möchten wir Ihnen eine besonders gelungene Gartengestaltung vorstellen und zeigen, wie aus einem hässlichen Innenhof eine reizvolle Gartenidylle wurde.

Die begabte Gestalterin Ilse Drees wollte keinen Rasen auf ihrem Stück Land, obgleich sie so etwas Ähnliches bereits vorfand: Sie träumte vielmehr von einem romantischen Garten an einem Bauernhaus, von dem Leben in Südfrankreich, und wollte einen Hauch davon auf diese wenigen Quadratmeter übertragen.

Der Garten sollte für sie ein romantisches Sommerzimmer sein, eine anregende Umgebung für die Tage allein, zu zweit und für eine größere Gesellschaft. Es waren schließlich nur gut 80 m^2, die es anzulegen galt. Allein 30 m^2 davon brauchte sie für die Terrasse, die mit schönen blauen Fliesen belegt wurde. So kam schon provençalische Atmosphäre auf.

Dahinter liegt der eigentliche Garten, der wie ein schöner alter Klostergarten wirkt. Vier etwa gleich große Beete sind mit niedrigen Buchsbaumhecken eingefasst, aber unterschiedlich bepflanzt. Auf der Sonnenseite pflanzte Ilse Drees Rosen mit Katzenminze, Rittersporn, jährlich wechselnden Sommerblumen und natürlich Lavendel, der Blume der Provence.

Im schattigeren Teil gedeihen Eisenhut, Fleißige Lieschen, Funkien und Hortensien in vielen Farbnuancen besser. In der Mitte wurde ein Kugelahorn gepflanzt, der zierlich bleibt und nur dann und wann in Form gestutzt werden muss. Für die schmalen Wege wurde Kies angefahren, der zwischen den Einfassungssteinen aus Basaltpflaster aufgetragen wurde.

Unser Tipp:

Lavendelblau bietet eine wunderbare Grundstimmung für einen romantischen Garten wie diesen. Dazu passen die warmen Terrakottafarben, der weiße Kies auf den Wegen und die bunten Sommerblumen.

Die klare Aufteilung der Terrasse und der Beete prägt den Charakter dieses ansprechenden Gartens.

Der Kugelahorn übernimmt hier die Rolle eines Hausbaumes und ist zugleich Mittelpunkt des Gartens.

Da der Garten so klein ist, lässt sich Ilse Drees in jedem Sommer etwas Romantisches einfallen. Mal arrangiert sie eine englische Bank neu, entdeckt Ton- und bunte Keramikkugeln für die Terrasse und jede Menge Tontöpfe, die immer wieder anders bepflanzt werden.

Eine originelle Idee ist es, die Holzstöcke, auf die die verspiegelten Rosenkugeln gesteckt werden, ganz individuell und farbenfroh zu bemalen. Mit dem selbst gebauten Brunnen in einem großen, innen und außen glasierten Keramikgefäß aus China gelang Frau Drees ein Geniestreich: Im Sommer sprudelt es geheimnisvoll aus dem Topf. Oder es blüht eine Miniseerose. Und im Winter nimmt sie das Wasser heraus und deckt das Ganze mit einer Holzplatte ab, lässt die Pumpe und die Seerose in einem Eimer mit Wasser überwintern. So wird das Gefäß vor Schnee und Frost geschützt, damit es noch viele Sommer lang erfreuen kann!

Abb. rechts: Mit einem Trick erhält der Garten überraschende Tiefe – hinter dem Spaliergitter ist ein Spiegel angebracht!

Abb. unten: Aus der ersten Etage hat man den schönsten Blick über den symmetrischen Garten, der aus zwei Bereichen besteht: der Terrasse und dem von Kieswegen erschlossenen Garten.

Der kleine Stadtgarten

Wohnraumerweiterung, Spaß mit Pflanzen und Wasserspiel sind die Hauptelemente dieses Stadtgarten-Konzepts.

Die Probleme begrenzten Raumes und typischer Innenhoflage durch Schatten werfende Nachbarhäuser wurden hier auf reizvolle Art gelöst.

Die Auslegung der Gartenfläche mit ansprechenden Pflastersystemen gibt dem Wohngarten eine klare Struktur und macht die Pflege der bepflanzten Bereiche leicht.

Vom Sitzplatz aus betrachtet, bildet in der Mitte der befestigten Fläche ein „Garten im Garten“ mit kleiner Rasenfläche, Staudenrabatte und klein bleibendem Mandelbaum den ersten Höhepunkt. Kletterpflanzen, die wenig Licht und Fläche beanspruchen, bringen sattes Grün und Leben an die sonst langweiligen Wände. Verwendete Pflanzen: Wilder Wein, Efeu und Pfeifenwinde.

Zum Nachbargarten bringt eine raumbildende Bepflanzung mit Laubgehölzen, Koniferen und Gräsern lebendige Vielfalt und genügend Sichtschutz. (Auch im Winter verhindern z.B. die Koniferen allzu tiefen Einblick in den Wohnbereich). Hier verwendete Pflanzen sind: Felsenbirne, Elfenbeinginster, Kornelkirsche, Gartenbambus, Sommerflieder, Scheinzypressen und Bergkiefer.

Harmonisch abgerundet wird das Bild der „grünen Grenze“ durch die Unterpflanzung mit schattenverträglichen Bodendeckern. Außerdem halten sie die Pflanzflächen weitgehend unkrautfrei, sodass der Gartenspaß ungeschmälert bleibt. Ein kleiner Gartenteich mit Seerose, Zwergschilf und Froschlöffel bietet einen weiteren lebendigen Blickfang.

Dem passionierten „Stadtgärtner“ bleibt es nun überlassen, nach Lust und Laune durch den Einsatz von „mobilen Gärten“ – hier Terracotta-Gefäßen mit Farnen und Margeritenbäumchen – individuell Akzente zu setzen.

Mit etwas gärtnerischem Einfallsreichtum lässt sich in diesem kleinen, pflegeleichten, aber pfiffigen Wohngarten die Idee vom „Stadthaus im Grünen“ durchaus verwirklichen.

Abb. links: Dieses moderne Wasserobjekt wertet die gesamte Terrasse auf. „Cubo“ ist aus geschliffenen Betonwerksteinen und mit einer kompletten Brunnenanlage ausgestattet.
Pflastersteine: La Linia Basalt anthrazit, La Linia Intarsienpflaster blau. Rinnensystem in Marina-Oberfläche (Palas).

Abbildung und Hersteller:
Metten Stein + Design
D-51491 Overath-Hammermühle
Tel. +49 (0) 22 06/6 03-0 • Fax 6 03-80
E-Mail: info@metten.de • www. metten.de

Ein anspruchsvolles Wasserspiel ist immer ein Blickfang auf der Terrasse. Abb.: Knittenberg

Die Redaktion Garten-Planset hat Susanne Randzio-Fischer, Designerin, beauftragt, diese ansprechenden Gärten zu zeichnen. Gartenentwurf und Text stammen von Herrn P. Fortmann, Gartengestalter in Düsseldorf.

Profi-Tipp: So wirken kleine Gärten größer

Um kleine Gärten ansprechend zu gestalten, bedienen sich Profis einiger raffinierter Tricks, die wir Ihnen gern verraten!

Ein Teich – ist er auch noch so klein – macht sich gut im Mini-Garten.
Abb.: Metten Stein + Design

Offene Seiten lassen einen schmalen Garten breiter erscheinen.

Damit ein „Schlauch-Garten“ mehr Breite bekommt, sollte er transparent und offen sein. Günstig sind auch Stege, die diagonal verlaufen oder sich ein wenig schlängeln, und eine quer stehende Pergola oder Bank. So wirkt ein schmaler Garten sofort breiter.

Flächen und Staffelungen geben einem kleinen Garten Tiefe.

Ist ein Garten zwar breit, aber sehr kurz, können linienförmige Elemente wie Pflasterbänder oder Heckenstreifen Raumtiefe vermitteln. Trapezförmige Flächen (Rasen, Pflaster, Wege), die nach hinten schmaler werden, haben den gleichen Effekt. Raumteiler wie eine Pergola oder versetzte Hecken lassen ebenfalls den Eindruck von Größe und Länge entstehen.

Pflanzen mit blauen Blüten und silbriggrauem Laub täuschen Größe vor.

Vor allem im Hintergrund eines kleinen Gartens sollten keine starken Kontraste, leuchtende Farben wie Rot, Gelb, Pink oder großblättrige, dunkelgrüne Pflanzen stehen – sie ziehen die Blicke auf sich und rücken so die Grenzen näher. Mit kalten Farben (blau, weiß, silbrig) und kleinblättrigen Gehölzen lässt sich Raumgröße vortäuschen. Optimal sind Pflanzen mit hellem Laub im Vordergrund, dahinter dunkle Sorten.

Mehr Perspektive durch richtige Anordnung von Gehölzen.

Ein größerer Baum im Vordergrund und kleinere Sträucher in der Ferne vergrößern den Garten perspektivisch. Den gleichen Effekt können auch unterschiedliche Blattpflanzen erzielen: großblättrige nach vorne, kleinblättrige nach hinten.

Spiegelnde Wasserflächen geben ein Gefühl von Weite.

Ein optischer Trick: Wasserbecken, Brunnen oder ein kleiner Teich lassen den Garten breiter und länger erscheinen.

Begrünte Mauern: Urwald-Feeling

Stadtgärten, die von Hausmauern umgeben sind, am besten mit Grünpflanzen „zuwuchern“ lassen. So sieht der Garten wie eine Urwaldoase aus. Efeu und Wilder Wein wachsen ohne Kletterhilfen. Blauregen und Knöterich brauchen Spaliere oder Drähte. Alternative: Falls möglich, eine dunkle Wand weiß oder hellgelb streichen. Dadurch kommt mehr Licht herein, und der Garten wirkt größer.

Höhenunterschiede lassen auch Mini-Gärten optisch wachsen.

Ein paar Treppen und ein Gelände, das nach hinten abfällt, sorgen für immer neue Einblicke. Auch tiefer gelegte Wege erfüllen diesen Zweck. Der Garten bekommt mehr Raum.

Autor:
Professor Rainer Schmidt
Landschaftsarchitekt
Klenzstraße 57c
D-80460 München
Tel. +49 (0) 89/2 02 53 50

Abb. links: Liebevolle Details schaffen eine romantische Atmosphäre.

Abb. unten: Nach altem Vorbild wurde diese Gartenidylle kreiert mit Bruchsteinmauer (Achtung: Genehmigung erforderlich). Dazu eine Amphore, heller Kies und Buchsbäume in klassischer Form.

Mit optischen Barrieren Spannung erzeugen.

Optische Barrieren wie Gehölzgruppen, gegeneinander versetzt angeordnet, oder Pergolen betonen die perspektivische Wirkung. Die wahre Größe des Gartens bleibt verborgen.

Grüne Blattpflanzen machen den Garten üppig.

Es muss nicht immer eine bunte Blütenpracht sein. Verschiedene Blattpflanzen, wie etwa Funkien, Farne und Efeu, ergeben einen frischen Eindruck.

Mit Kübelpflanzen lässt sich der Garten schnell umgestalten.

Kübelpflanzen, wie z.B. Oleander und Engelstrompete, machen sich nicht nur auf der Terrasse gut, sie können auch ruhig in den Beeten stehen. Das schafft immer neue Akzente (s. Abbildung rechts).

Garten-Renovierungs-Story

Es gibt viele Gründe, seinen Garten umzugestalten. In diesem Fall war es das Ärgernis, dass sechs Fahrräder täglich durchs Haus in den Keller geschleppt werden mussten. Das sollte ein Ende haben. Ein separater Fahrrad-Eingang wurde gebaut, und der Stein war ins Rollen gebracht. Das Ergebniss: ein ganz neuer wohnlicher Garten.

Als die Familie vor einundzwanzig Jahren das Reihenhaus bezog, gab es noch kein Fahrrad-Problem. Und es gab auch keine Probleme mit dem Garten: Es war so, dass sich Hausbewohner und auch Gäste darin wohl fühlten. Doch im Laufe der Jahre kamen vier Kinder auf die Welt – es kam also Leben ins Haus. Die Kinder wurden größer und brachten Freunde und Bekannte mit nach Hause. Da kam man selbst draußen im Garten, der im wesentlichen nur aus einem Sitzplatz vor dem Wohnraum bestand, häufig ins Gedränge. Es lag also nahe, sich auf den 150 qm mehr Bewegungsspielraum zu verschaffen. Den letzten Anstoß dazu gab schließlich die leidige Fahrradflut. Die sechs Familienmitglieder, alles Drahtesel-Besitzer, schleppten sie täglich durchs Haus in den Keller, einen anderen Weg gab es nicht. Bis ihnen eines Tages nicht nur die Plackerei, sondern auch der Schmutz, der damit verbunden war, zuviel wurde. Ein Hintertürchen an der Rückseite des Gartens sollte her. Und da man einmal beim Planen war, wurde gleich der ganze Garten in die Überlegungen mit einbezogen. Mitten auf dem Rasen hatte sich ein vor 20 Jahren geflanztes Bäumchen zu einem imposanten Ahorn gemausert. Der bot sich als Fixpunkt für die Neugestaltung an. Es wurde überlegt, verworfen und wieder neu überlegt, bis dann schließlich im Spätherbst mit der Arbeit begonnen werden konnte.

Vor dem Wohnraum wurde eine holzbeplankte Terrasse angelegt. Eine Stufe führt von dort in den leicht abfallenden Rasenteil des Gartens. Früher gab es nur diesen kleinen Sitzplatz vor dem Wohnraum, der jedoch für die sechsköpfige Familie nicht immer ausreichte. Die Lieblingsblumen, weiße Margeriten, werden jedes Jahr im Mai neu gepflanzt. Eine weiß blühende Steinmagnolie (links) wächst aus dem Holzdeck.

Unter dem großen Ahornbaum wurde bei der Gartengestaltung ein zweiter Sitzplatz angelegt - nur an besonders heißen Tagen ist der Sonnenschirm von Nöten. Hierher können sich die Familienmitglieder zum Arbeiten und Lesen zurückziehen. Hin und wieder wird gegrillt. Die Nachbarn werden von Gerüchen weit weniger belästigt als früher, als noch nahe am Haus gebrutzelt wurde. Der Hauptteil des Gartens ist mit Rasen, Büschen und Blumen bepflanzt, die Wege sind mit roten Ziegeln gepflastert.

Der Selbstbau des Hintereingangs mit dem dazugehörigen Zaun war unproblematisch. Es wurden druckimprägnierte Pfosten und Zaunlatten aus einem Fertigbau-Programm gekauft. Die Latten wurden indes nicht dicht an dicht, sondern mit nichtrostenden Zinknägeln auf Lücke genagelt. Das führte zu einem doppelten Effekt: Der Zaun wurde transparent und zugleich zur Kletterhilfe für die Rankpflanzen. Die druckimprägnierten Pfosten und Latten wurden dunkel gebeizt, denn: je dunkler ein Zaun, desto größer ist seine Transparenz und unauffälliger ist er.

Am hinteren Gartenausgang liegt der schattige Fahrrad-Parkplatz. Von dort führt nun ein mit roten Backsteinen gepflasterter Weg zum Kellereingang. Der auf Akkuratesse bedachte Hausherr legte Wert auf saubere Arbeit und gleichmäßige Fugenbreite beim heiklen Rondell-Bau. Deshalb sägte er aus Hartfaserplatten je Rondell eine kreisrunde Schablone im Maßstab 1:1 zurecht. Darauf legte er die Ziegelsteine und schob sie solange hin und her, bis sie gleichmäßig angeordnet waren und markierte ihre Lage. Dieser Aufwand machte sich gleich doppelt bezahlt: Der Plattenleger arbeitete so akkurat, wie es der Hausherr wünschte und brauchte aufgrund der Vorarbeit sehr viel weniger Zeit. Die Lohnkosten hielten sich also in Grenzen.

Abb. links: Parkplatz für die Fahrräder der Familie. Sie stehen im Sommer schattig und gut getarnt. Hier wachsen Sanddorn und Pfaffenhütchen, am transparenten Holzlattenzaun rankt Efeu empor.

Abb. rechts: Solide Schiffsdeckstühle und imprägnierte schwedische Gartenmöbel überdauern jedes Wetter zu jeder Jahreszeit - ein wichtiger Gesichtspunkt beim Garten eines Reihenhauses, in dem es an Abstell- und Lagerräumen mangelt. Von der holzbeplankten Terrasse aus führt eine Stufe in den Rasengarten.

Gedacht wurde auch an´s letzte Detail

Unter dem großen Ahornbaum entstand ein zweiter Sitzplatz, ausreichend groß für die ganze Familie und für Gäste.

Die dichte Bepflanzung des Gartens schluckt eine gehörige Portion Großstadtlärm und trägt viel zu der wohltuenden Ruhe und Besinnlichkeit in dem 150 qm kleinen Refugium bei, das durch die geschickte und abwechslungsreiche Umgestaltung viel weitläufiger wirkt.

Nun war allerdings noch ein Problem zu lösen: So spät im Jahr würde der Rasensamen nicht mehr wachsen. Guter Rat war in diesem Fall nicht einmal teuer: Eine große Palette Fertigrasen wurde bestellt. Die dünnen Rasensoden sind aufgerollt und messen ca. 30 x 200 cm. Sie wurden in einer guten Stunde verlegt, reichlich bewässert und konnten bald danach begangen werden - eine ideale Lösung vor allem für kleine Flächen.

Tipp der Redaktion:

Mit NovaGrow von Wolf-Garten ist das Aussäen eines neues Rasens ein Kinderspiel.

Alle Backsteinflächen werden einmal im Jahr geschrubbt. Das verhindert allzu üppigen Algen- und Moosbewuchs. Nötig dazu sind ein Schrubber, Sand, grüne Seife, viel Wasser und etwas Kraft. Wenn die Seifenlauge tüchtig verdünnt wird, schadet sie auch den Pflanzen nicht, im Gegenteil, sie trägt mit zur Entsäuerung des Bodens bei.

Die Gartenseite des Hauses ist mit wildem Wein berankt. Das sieht nicht nur schön aus, sondern bringt handfeste Vorteile: Die Blätter schützen die Hauswände im Sommer vor übergroßer Erwärmung, und wenn sie im Herbst fallen, heizt die schwächere Sonne des Winters und Frühlings die Mauern auf und hilft so, kostspielige Energie zu sparen.

Vor neugierigen Zaungästen und Wind abgeschirmt ist der Reihenhausgarten durch einen transparenten Zaun und durch eine dichte Bepflanzung. So entstand ein intimer Wohnhof mit Holzterrasse zum Sonnenbaden, zwei Sitzplätzen und zwei Rondellen, die mit einjährigen Fleißigen Lieschen - mal rot, mal weiß - bepflanzt sind. In einem der Rondelle, sozusagen im Mittelpunkt, steht eine Korkenzieher-Akazie, die nicht zu ausladend und groß wird. Ebenerdig zur

Straße liegt der Fahrrad-Parkplatz, von dem aus man über eine Stufe in den Garten gelangt.

Der Garten hat inzwischen den intimen Charakter eines Wohnhofes, der an schönen Tagen die Wohnfläche des Hauses glatt verdoppelt.

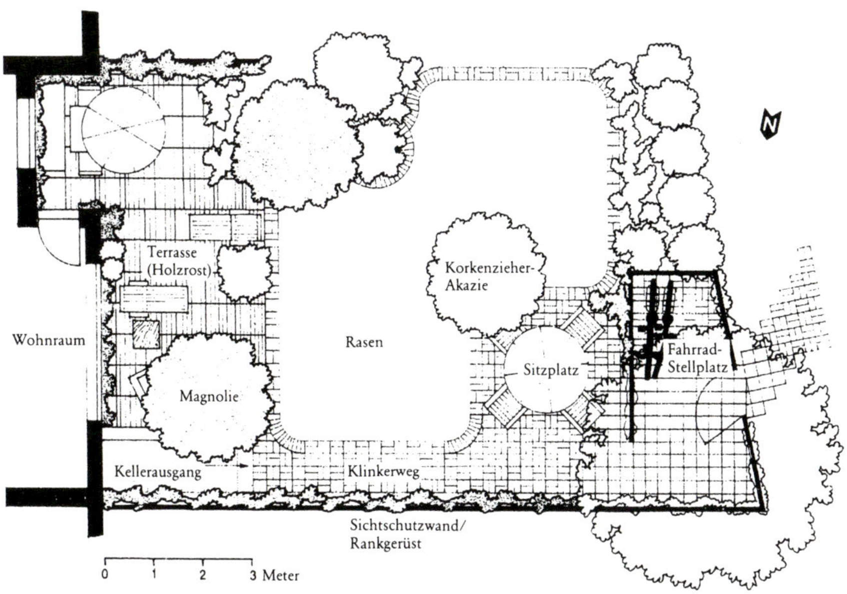

Mustergültige Gartengestaltung einer bekannten Gartenarchitektin

Wir stellen Ihnen aktuelle Planungen und Umsetzungen ideenreicher und origineller Gärten für unterschiedliche Gegebenheiten von der bekannten Gartenarchitektin Dipl. Ing. Doris Fecke vor.

Der städtische Vorgarten

Die Kombination unterschiedlicher Funktionsbereiche auf sehr kleinem Raum standen bei dieser Gestaltung im Vordergrund. Neben PKW-Stellplatz, Garagenzufahrt und räumlich getrenntem Hauszugang findet auch ein Freisitz vor dem Wohnzimmerfenster auf kleinster Fläche Platz.

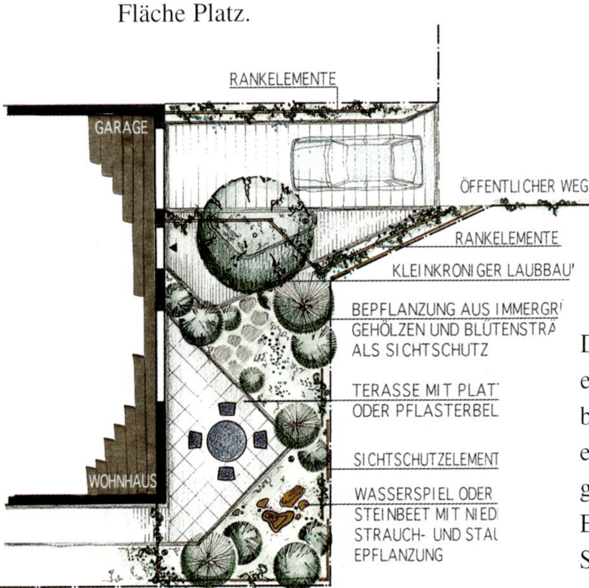

Durch transparente Rankelemente wird eine räumliche Trennung der Verkehrsbereiche von den Aufenthaltsbereichen erzielt. Die Bepflanzung trägt dem geringen Lichteinfall und der räumlichen Beengtheit Rechnung (kleinwüchsige Sträucher, z.B. Rhododendron repens und williamsianum Hybr., sowie Ranken an den Sichtschutzelementen: Efeu, Clematis, wilder Wein, Blauregen).

Kleiner dörflicher Vorgarten

Ein Ausblick ins „Grüne“ auf kleinstem Raum, der gleichzeitig den Einblick ins Haus von der Straße verhindern soll, war das Gestaltungsziel.

Die strenge Formgebung entspricht der räumlichen Enge, die geometrische Anordnung der Pflanzbeete wird durch die Rahmung mit einer geschnittenen Buchsbaumhecke unterstrichen. Die Beete sind mit Efeu und Rosen bepflanzt. Eine vertikale Gliederung der Hausfassade erfolgt durch die Bäume. Als Pflasterbelag wird Naturstein (Grauwacke und Granit) verwendet.

Abb. links: Der Banksitzplatz vor dem Haus entspricht einer dörflichen Tradition. Ab und zu wird der Vorgarten zum abendlichen Treffpunkt.

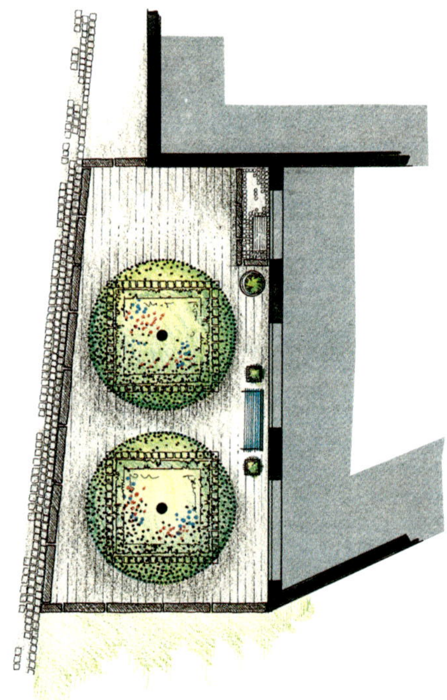

Innenhofgarten

In diesem kleinen Gartenraum im dicht besiedelten Bereich dominieren Pflanzbereiche in verschiedenen Höhen.
Der Einsatz von Schattenstauden und schattenverträglichen Gehölzen in lichtarmen, Wiesen- und Blütenprachtstauden in sonnigen Mauerbereichen, kombiniert mit wechselnder Saisonbepflanzung, bieten das ganze Jahr über eine interessante und vielfältige Gartenkulisse.

Abb. links: Die Rasenbereiche wurden bewusst klein gehalten und dienen vorwiegend als begehbare Flächen zwischen den Pflanzbereichen.

Materialauswahl und Bepflanzung orientieren sich an den örtlichen Gegebenheiten, Kalkbruchstein wird als Einfassungs- und Mauerstein verwendet.

Naturnaher, bäuerlicher Garten

Üppige Staudenbepflanzung in Verbindung mit Wegen aus Rindenmulch und einem naturnahen Bachlauf zeigen ein Gartenbild der anderen Seite. Hochbeete, eingefasst mit Bruchsteinen, entlang des Hauses leiten vom Gebäude in den Garten über. Neben Gemüsegarten und Sitzrondell aus Bruchsteinen sind Details wie Bänke und Törchen interessante Blickpunkte, die vielfältige Betrachtungsweisen ermöglichen.

Der Vorgartenbereich und die befestigten Flächen erwidern die Formgebung der Architektur des Wohnhauses und leiten im hinteren Bereich vom Wohnhaus in die landschaftliche Gestaltung des Wohngartens über.

Mittelgroßer individueller Garten

Die Größe des Gartens entspricht einem üblichen Grundstückszuschnitt in Neubaugebieten (500 – 700 qm).
Dieses Beispiel zeigt die Möglichkeit einer landschaftlich naturnahen Gestaltung. Materialien wie Natursteine, Holz und das Element Wasser dominieren bei der Gestaltung. Neben üppigen Staudenreihen in Wassernähe unterstreicht eine lockere Rahmenbepflanzung aus Blütensträuchern und landschaftstypischen Gehölzen diesen Charakter.

Abb. links: Ein Traum von einem Laubengang. Das blau gebeizte Holz ist ein markanter Gegensatz zu dem vielen Grün.

Abb. oben: Die umlaufenden Wege bieten ganz neue, ungewohnte Blickwinkel, gleichzeitig werden zusätzliche geschützte Sitz- und Aufenthaltsmöglichkeiten in den Gartenrandbereichen geschaffen.

Das Wasserbecken in klassischer Form prägt den Stil dieses reizvollen Innenhofes.

Ein Innenhofgarten als „klassischer Garten"

Klassische Formgebung in Verbindung mit edlen Materialien (Granit) prägen diesen Innenhofgarten.

Die umgebende Laubengänge schaffen eine Verbindung zwischen Garten und angrenzenden Gebäuden. Neben Formgehölzen wie Buchsbaum unterstreichen Hochstammrosen, bodendeckende Rosen, kombiniert mit Lavendel und Salbei, die formale Gestaltung.

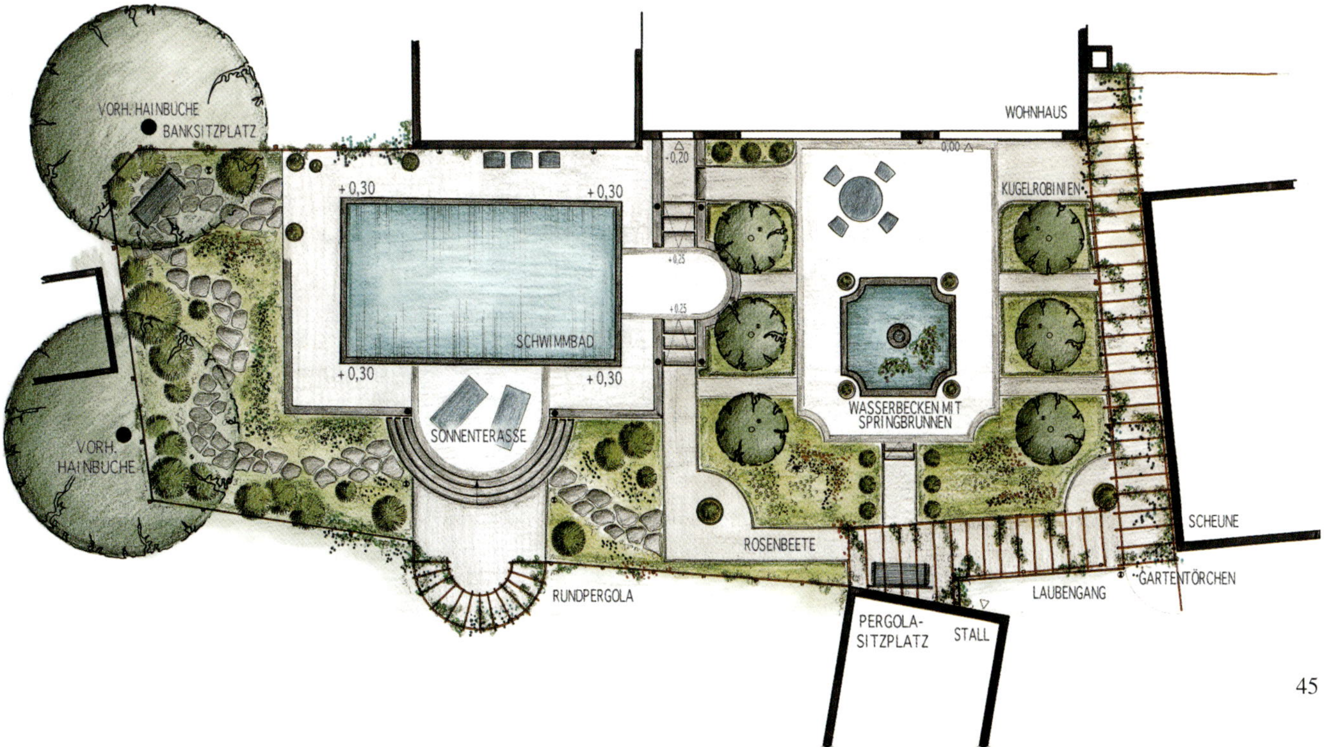

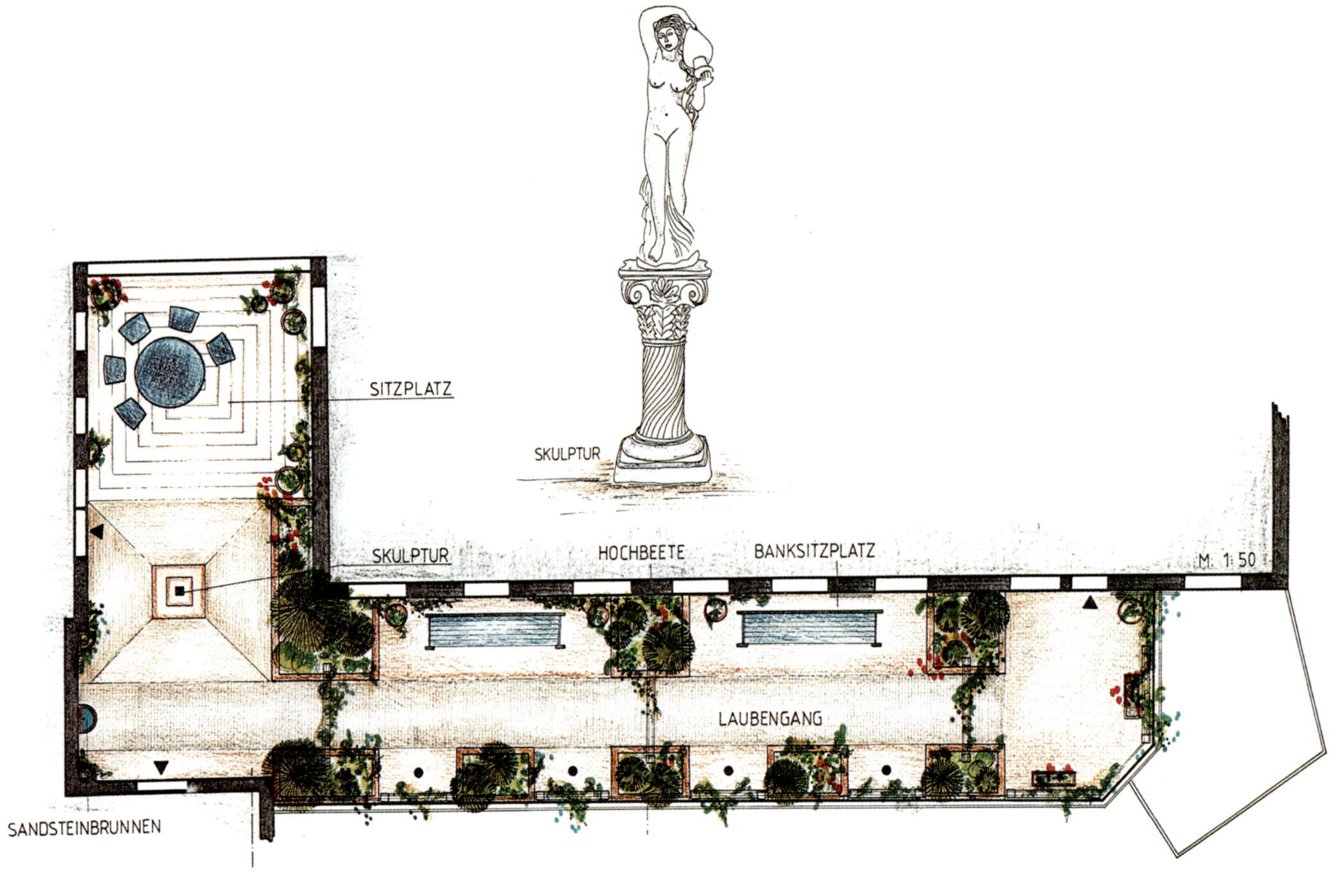

Exotische Details in den Garten

Mediterrane Stimmung im Garten mit verschiedenen klassischen Elementen

Hochbeete in Kombination mit Rankelementen schaffen bei diesem Vorschlag einen äußerst anmutigen Gartenraum auf dem Dach.

Trotz räumlicher Enge entstehen abwechslungsreiche und unterschiedlich gestaltete Aufenthaltsbereiche. Verschiedene klassische Elemente wie Skulpturen, Vasen oder ein Sandsteinbrunnen unterstreichen den mediterranen Charakter des Gartens.

Rankelemente:
Fa. Wego, Salzkotten

Ausstattungsgegenstände:
Fa. Galleria, München, Fa. Hesperiden, Nürnberg, Fa. Trax

Japanisch inspirierter Garten

Ein flacher Teich ohne Bepflanzung, eingerahmt von ruhigen Kiesflächen bildet das zentrale Gestaltungselement.

Die umgebende Bepflanzung wird vornehmlich aus Stauden und Bodendeckern gebildet und unterstreicht die landschaftliche Formgebung.

Neben buntlaubigem japanischem Ahorn bilden auch Formkiefern und Steine interessante Blickpunkte.

Ein großzügiger Garten in lockerer Gestaltung

Verschiedene Funktionsbereiche, wie natürlich gestalteter Teich mit Wasserlauf, Rondell mit Sitzmäuerchen, eingebettet in üppige Staudenbereiche, bilden die Blickpunkte dieses Gartens. Den Ausgleich zur intensiven Gestaltung bietet eine große, ruhige Rasenfläche. Umgeben wird der gesamte Gartenbereich von landschaftlich modellierten Hügeln, die mit Hilfe der Baum- und Strauchpflanzungen gleichzeitig als Sichtschutz dienen.

Abb. rechts: Trotz großzügiger, freier Gestaltung bietet dieser Garten immer andere interessante Perspektiven, wie dieses Detail des Sitzplatzes zeigt.

Ein mit polygonal gebrochenen Steinplatten und Pflastersteinen gebildeter Gartenweg führt über eine kleine Brücke zu einem Sitzrondell. Der niedrige Schutzzaun um den Teich ist farblich auf die Brücke abgestimmt.

Unsere Gartenarchitektin:

Frau Fecke ist seit vielen Jahren im Bereich der Freiraum- und Landschaftsplanung tätig. Sie plant und überwacht die Erstellung von Gärten und Gartenanlagen sowie Freianlagen jeglicher Art im öffentlichen und privaten Bereich. Seit 1995 leitet sie ihr eigenes Büro für Freiraum- und Landschaftsplanung, das überregional im gesamten deutschen Bundesgebiet tätig ist.

Fotos: Dirk Wiesemann, Köln

Planung und Bauleitung:

Dipl. Ing. (FH) Doris Fecke,
Landschaftsarchitektin BDLA
Kirchstr. 30
D-33154 Salzkotten-Upsprunge
Tel. +49 (0) 5258/21200 Fax 21300

Praktische Garten-Bausteine

Ideal für alle Abgrenzungen wie Rasenkanten, Frühbeete, Hochbeete, Wegbegrenzungen und Tomatenhäuser. Die Bausteine sind beliebig, ganz ohne Werkzeug, aneinander zu stecken und mit Aufbau- und Ankerstopfen auch übereinander. Das Material ist aus witterungs- und frostbeständigem Recycling-Kunstoff.

Hochbeet

Ein Hochbeet erleichtert nicht nur das Pflanzen und Ernten, durch die Verrottung der schichtweise eingebauten Abfälle wird ständig Wärme frei und lässt die Pflanzen somit schneller wachsen. Selbst der Bau eines solchen Beetes ist mit dem JUWEL-Hochbeet-Set kein Problem mehr. Die wärmeisolierenden Bausteine werden ohne Werkzeug zu einem stabilen, im Gegensatz zu Holz unverrottbaren Rahmen zusammengesteckt. Gegen den Erddruck an den Seitenwänden werden stabile Distanzbänder eingesetzt.

JUWEL-Anzuchtbeet

JUWEL-Hochbeet mit Tunnelfolie

Anzuchtbeet als Hochbeet mit 2 Aufbau-Sets

JUWEL-Hochbeet

JUWEL-Baustein-Frühbeet

JUWEL-Tomatenhaus

Tomatenhaus – perfekter Schutz

Für alle wärmeliebenden Pflanzen wie Tomate, Paprika oder Gurken. Das Haus schützt die empfindlichen Pflanzen vor Schädlingsbefall und hält mit seinen wärmeisolierenden Gartenbausteinen hervorragend die Kälte fern. Stabile Alu-Dachbügel tragen die UV-beständige Folie – das Lüften ist besonders einfach und gut zu dosieren.

JUWEL-Sandspielkasten mit Sonnenhaus

JUWEL-Rasenkanten Bausteine

JUWEL-Universal-
Bausteine

Ganz schön praktisch

Mit der Fahrspur bei den Rasenkantenbausteinen mähen Sie ohne lästiges Nachschneiden sauber bis an die Abgrenzung heran.

Infos unter: JUWEL H. Wüster GmbH
Bahnhofstr. 31 • D-82467 Garmisch-Partenkirchen
Tel. +49 (0) 88 21/16 79 • Fax 7 85 45
E-Mail: office@juwel.com
www.juwel.com

oder in Österreich: JUWEL
Industriezone 19 • A-6460 Imst
Tel. +43 (0) 5412/6940-0 • Fax 64838
E-Mail: office@juwel.com
www.juwel.com

Gerne senden wir Ihnen kostenlos unsere 40-seitige Gartenbaustein-Fibel mit vielen Baustein-Tipps zu.

Schnell und einfach aufgebaut

Die japanische Gartenkunst

Nicht nur in Mode und Einrichtung wird der japanische Einfluss stärker: auch in der Gartenarchitektur. In der japanischen Kunst äußert sich die Lebensanschauung des Volkes. Damit verbinden sich Gedanken und Ideen, die Sie kennen sollten, um den Inhalt und das Wesen des japanischen Gartens zu verstehen.

Von unserem europäischen Standpunkt, unserer Auffassungsart und Zeit aus sollten wir versuchen, japanische Werte zu finden, die für unsere moderne Gartengestaltung von Bedeutung sind. Mit dem richtigen „Übersetzungsmodus“ lassen sich Motive und Elemente der klassischen japanischen Gartenkunst in unsere Heimat übertragen. Im Folgenden möchten wir Ihnen die Bedeutung und Symbolik der japanischen Gartenkunst näher bringen.

Die Japaner setzen sich das Ziel, in ihren Gärten die Rundsicht einer Komposition zu schaffen, gleich dem Künstler, der eine Landschaft auf ein Stück Leinwand von etlichen Quadratzentimetern zaubert. Die Steine, die Sträucher, die zwergenhaften Bäume und die Wasserflächen sind in solch selbstverständlicher Weise hingestellt, dass das Kunstwerk jeden „künstlichen“ Charakter verliert. Und solch ein Garten vermag der kleinsten Fläche die Illusion einer weiten großzügigen Landschaft zu geben. In dieser Art der Komposition liegt unter anderem das Bestreben, den Besucher in den Zustand der Entrückung aus Zeit und Raum zu versetzen.

Ein Gartenbesucher schildert seine Eindrücke folgendermaßen:

„Der Weg, der uns zum Tor führt, verläuft in Windungen. Bis zum letzten Augenblick glaubt man den Eingang zu verfehlen, dann stellt uns eine plötzliche Krümmung vor das Tor. Wir bewundern auch die Steine, mit denen jene Allee gepflastert ist: Sie sind riesengroß auf

der ersten Ebene, werden dann immer kleiner und kleiner und zuletzt ganz winzig vor dem Portal. Dies eröffnet eine ganz eigenartige Perspektive."

Der Besucher soll ständig überrascht werden: Ist die Oberfläche des Gewässers, das wir jetzt sehen, nicht aufgewühlt? Eine Wirkung, die einzig durch die dicken Steine erzielt wird.

Wir sind verblüfft und hell begeistert. Unser japanischer Freund setzt seine Führung fort und bleibt vor einer Anhäufung von Steinen stehen, die einen Wasserfall vortäuschen.

Er erzählt uns, dass hier die Buddhisten niederknien und meditieren. Nach mehreren Stunden tiefer Versenkung hat sich ihre Loslösung von der Außenwelt so weit vollzogen, dass sie das Wasser wirklich herabstürzen sehen.

Wir sind wieder bei dem kleinen Teich angelangt; am Ufer hängt eine kleine Laterne: Die Damen jener alten Zeiten ließen sich im Boot treiben, das Licht dieser Laterne ahmte einen Scheinwerfer nach, und sie hatten dadurch die Vorstellung, auf irgendeinem fremden Meer dahinzusegeln ...

Ein Stückchen weiter, nach Norden ausgerichtet, steht die Bambusgruppe, ein beliebtes Thema japanischer Dekorationen. Der Bambus ist der bildliche Ausdruck für China und verleiht dem Garten eine Perspektive ins Grenzenlose: hierhin flüchten die Tiger vor den Elefanten, die niemals in einen Bambuswald eindringen.

Erst im Garten rings um das Teehaus begegnen wir den Spielarten letzter Verfeinerung in der japanischen Kunst. Die Themen sind einfach, beschwörend und vielgestaltig: eine Taube auf einer Kiefer im Morgennebel; Zweige eines blühenden Aprikosenbaumes, die man im Morgengrauen eines Schneetages betrachtet; eine Strohhütte, die zur Meditation einlädt. Im Beschauer soll ein Gefühl der Einsamkeit und Entrückung hervorgerufen werden, wie es die Poesie ‚eines einsamen Baumes am Strand im sich neigenden Licht eines Sommerabends' zu wecken vermag.

Auf Umwegen führt die Allee zum ‚Teehaus', weil die Tür bis zum letzten Augenblick hinter einer Sträuchergruppe verborgen bleiben soll; und hier nun werden wir der erstaunlichsten Teezeremonie beiwohnen!

Lassen Sie sich von der etwas anderen Art der Gartenbeschreibung inspirieren, um die Form Ihrer eigenen Gartenkunst zu finden.

Infos unter:

Natursteine
Redsun Garden Products • www.red-sun.de

Feng Shui – und der Garten wird zur Energiequelle

Geschickt gestaltet, wird ein Garten zur perfekten Ergänzung des Hauses. Alle Sinne werden angesprochen, wenn Formen, Farben, Düfte und Geräusche vom Garten bis in alle Räume hinein wohltuend und belebend wirken. Wenn dabei neben Fantasie und gärtnerisches Know-how noch der Erfahrungsschatz des Feng Shui tritt, so wird der Garten zur Energiequelle.

Der Weg des Chi soll ein sanfter Fluss sein und kein Dschungel

Zwischen Hauseingang und Straße liegt der wichtigste Garten. Ihn betreten wir täglich, Besucher, Postzusteller und Lieferanten gehen hindurch, er verbindet den Privatbereich mit der Außenwelt und trennt ihn zugleich. Außerdem ist er unsere „Visitenkarte", dort präsentieren wir uns unseren Mitmenschen. Und nicht zuletzt „laden" wir uns im Vorgarten mit der Energie oder Atmosphäre auf, die wir dann auch ins Haus tragen. Schnurgerade sollte der Weg nicht sein, dies beschleunigt das dort fließende Chi so stark, dass der Eingang geradezu unter „Beschuss" genommen wird und langweilig wirkt. Ein

sanft geschwungener Weg entspricht unserer natürlichen Fortbewegungsweise, und eine Aufweitung vor der Haustüre wirkt lebendig. Reicht der Platz hierfür nicht, so „entschärfen" überhängende Pflanzen die scharfe Kante. Offen, hell und freundlich wirkt der Weg, wenn auf hohe Bäume oder Sträucher verzichtet wird und er bei Dunkelheit gut ausgeleuchtet ist.

Der Weg sollte nicht direkt auf einen Straßenbaum oder eine Laterne zuführen, denn dieses optische Hindernis könnte den „Schwung" der Bewohner dämpfen. Müllboxen sollten seitlich an den Grundstücksgrenzen, nahe der Straße, platziert werden. So wird vermieden, dass jeder, der hereinkommt, in seinem „Kielwasser" die belastete, „verschmutze" Energie wieder mit ins Haus bringt.

Abb.: Metten Stein + Design

Im Vorgarten ist ein gleitender Übergang mit freier Sicht einer verstellenden Grenzbebauung vorzuziehen.

Der dekorative Gartenstein „Maurino“ hat eine einzigartige Patina, die an einen würdevoll gealterten Klinker erinnert. So strahlen auch großflächige Mauern eine Atmosphäre aus.
Abb.: betonbraun

Tore, Mauern und Hecken schützen

Gutes heißen wir willkommen und möchten zugleich signalisieren, wo unsere Privatsphäre beginnt. Dahinter steht ein uraltes Schutzbedürfnis, das Wohlbefinden garantiert. Aus dem Haus tretend, wird ein „Flankenschutz“ an den Grundstücksgrenzen als angenehm empfunden, d.h. seitlich vom Haus bis zur Straße sind Pflanzungen, Mauern, Zäune immer dann erforderlich, wenn nicht bereits Nachbargärten oder -häuser diesen Schutz übernehmen. Auch zur Straße hin ist eine klare Abgrenzung sinnvoll, sei es durch eine Hecke, einen schönen Zaun oder eine passende, niedrige Mauer mit Tor. Nach vorn sollte die Sicht frei sein, damit die Bewohner aus lauter Schutzbedürfnis den „Weitblick“ und „Spielraum“ nicht verlieren und eine passive, ängstliche Grundstimmung zur Gewohnheit wird.

Klares Wasser ist eine Bereicherung jedes Vorgartens, es steht für Frische, natürliche Reinheit, Leben und sanfte Kraft. Am besten ist daher bewegtes Wasser: Ob als Quellstein oder Springbrunnen, bleibt dem persönlichen Geschmack überlassen. Klang und Funkeln des Wassers beleben; jeder, der ins Haus geht, nimmt die darin gespeicherte unerschöpfliche Energie mit. Schon ein Kunststoffbecken mit Tauchpumpe kann den Vorgarten verzaubern.

Wasser sorgt für Leben, und es beruhigt: Das Plätschern blendet den Lärm aus.
Abb. Oase

Eine angenehme Arbeitssituation: Zaun und Torbogen trennen, laden aber niemanden aus.
Abb.: Brügmann TraumGarten

„Schildkröte, Drache, Tiger und Phönix"

Ist der Garten nach hinten und zur Seite durch Hügel oder Pflanzen abgeschirmt, dann genießt das Wohnhaus den Schutz der mythischen „Vier Tiere": Hinten hoher massiver Sichtschutz – die „Schildkröte", an den Seiten ebenfalls Sichtschutz, doch niedriger und mit bewegter Kontur – „Drache" und „Tiger", nach vorne freie Sicht und viel Raum – der „Phönix". Das Streben nach Beruhigung der rückwärtigen Bereiche erklärt die Zurückhaltung bei der Anlage von Wasserflächen, denn diese „schwächen" die Rückfront.

Zwei Faustregeln:

- Ein Sichtschutz muss umso höher sein, je weiter er vom Betrachter entfernt ist.
- Die ausgewachsene Pflanze sollte nie höher sein als ihr Abstand zum Haus, besser noch etwas kleiner.

Wasser spielt im Feng Shui eine wichtige Rolle: Das Funkeln des Lichts auf dem Wasser gilt als belebende Energiequelle.
Abb.: Oase

Yin und Yang im Gleichgewicht

Ein lebendiger Garten muss Abwechslung bieten: Das Auge kann sich dann an markanten Punkten „festhalten", während es durch den Garten „wandert". Uneinsehbare Bereiche, halb verborgen, zum Beispiel hinter den tiefhängenden Zweigen einer kleinen Birke, regen die Fantasie an und machen den Garten erst interessant. Hohe und niedrige Pflanzen können wie die Kulissen eines Theaters gestaffelt werden, sonnige Rasenflächen sich abwechseln mit schattigen Zonen. Gestalten mit Gegensätzen macht den Garten unverwechselbar. In der Sprache des Feng Shui: Yin und Yang ins Gleichgewicht bringen. Rasen und Flächen mit Bodendeckern kommen erst im Kontrast mit markanten Einzelgewächsen zur vollen Wirkung. Entsprechend sollten Laub- und Nadelgehölze benachbart werden, immergrüne und winterkahle Sträucher, blühende und nichtblühende Pflanzen. Plattenwege zwischen Rasen und Beeten, Pfade aus Rindenmulch zwischen den Sträuchern. Großzügiges wechselt mit Kleinteiligem. Es ist überaus lohnend, auf diese Weise mehrere Gartenräume mit unterschiedlichem Charakter zu schaffen. Zu guter Letzt: Die Pflege ist ebenso wichtig wie die Neuplanug: „Ein Garten wird mit dem Spaten gepflanzt und mit der Axt gepflegt", lautet eine alte Gärtnerweisheit. Ungepflegte Gärten „bedrängen" das Haus. Durch unterlassenen Gehölzschnitt werden mehr Gärten verdorben als durch zu häufigen Einsatz von Schere, Axt und Säge. Gutes Feng Shui im Garten bedeutet eben auch, das Gleichgewicht der Kräfte immer wieder neu zu schaffen.

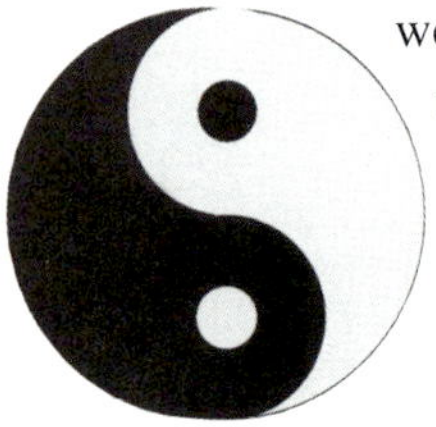

Schutz vor schädlichen Einflüssen ist wichtig

Nun gilt es, Störeinflüsse zu mildern. Gegen Lärm hilft nur mehr Lärm: Der Klang eines laut plätschernden Brunnens wird angenehm empfunden und macht Verkehrslärm erträglicher. Aber auch optische Umweltverschmutzungen erfordern Abhilfe: Leitungsmasten, hohe Kamine, Mobilfunkantennen oder Straßenlaternen. Da wir keinen direkten Einfluss darauf nehmen können, bleibt nur, sie mit hohen

Pflanzen und geschickter Wegeführung „auszublenden“, sodass der Blick nicht darauf fällt.

Klare Form ist Trumpf bei der Terrasse

Terrassen können unharmonische Hausgrundrisse symbolisch ergänzen. So kann ein L-förmiges Haus, dem ein Stück „fehlt“, an der Gartenfront mittels Terrasse und Pergola zum Rechteck vervollständigt werden. Im Feng Shui werden immer klare Formen angestrebt, denen nicht der Mangel von Unvollständigkeit anhaftet.

Wie oben bereits beschrieben, können Mängel der Umgebung dem Anblick entzogen werden. Umgekehrt geht es auch: Ausblicke auf landschaftliche Schönheiten sollten in die Gestaltung einbezogen werden. In Japan spricht man dann von „Geborgter Landschaft“, die den Garten größer erscheinen lässt. Dann wird der Garten zum Park – und das Haus zum Palast.

Ein attraktiver Eingang: Freie Sicht nach vorn und Platz vor der Haustür – da wohnt es sich angenehm.
Abb.: Hebel Haus

Eine unerträgliche Wohnsituation: Auch wer sich nicht im Feng Shui auskennt, spürt das Unangenehme dieses Haus-Anblickes.
Abb.: Matthey

Rainer Matthey kam über die Gartenarchitektur zum Feng Shui. Seit sechs Jahren berät er Bauherren und Hausbesitzer bei der harmonischen Aus- und Umgestaltung von Wohnräumen und Gärten. Ansprüche und Bedürfnisse der Klienten stehen dabei im Mittelpunkt aller empfohlenen Maßnahmen, mit dem Ziel, die Lebensenergie Chi optimal zu nutzen.

Verfasser:
Dipl. Ing. Rainer Matthey
Feng Shui Berater IFFS
Gosenburg 6
D-42289 Wuppertal
Tel. 01 73/1 67 31 63

Gartenträume mit Stauden erfüllen

Stauden sind mehrjährige Pflanzen, die einmal gepflanzt über viele Jahre ihre Blütenpracht im Garten zeigen und daher ein unverzichtbarer Bestandteil Ihres Gartens sein sollten.

Achtung, entscheidende Qualitätskriterien der Staude sind nicht primär das Aussehen und die Wuchshöhe zum Zeitpunkt des Verkaufes, sondern die garantierte Sortenechtheit, die Pflanzengesundheit und die artengemäße Entwicklungsmöglichkeit.

Etiketten

Jede Pflanze erhält ein spezielles Etikett, das fest mit dem Topf verbunden ist. Irrtümer werden damit nahezu ausgeschlossen. Das Etikett enthält alle wichtigen Informationen zu der Pflanze, z.B. Standort, Größe und Blütezeit der Stauden.

Pflanzung

Stauden mit Topf ca. 10 Minuten wässern, Topf abziehen und den Wurzelballen in das etwas größere Pflanzloch setzen. Erde anfüllen, andrücken und gießen.

Pflanzloch etwas größer als der Topf. 10 Minuten wässern...

...und austopfen.

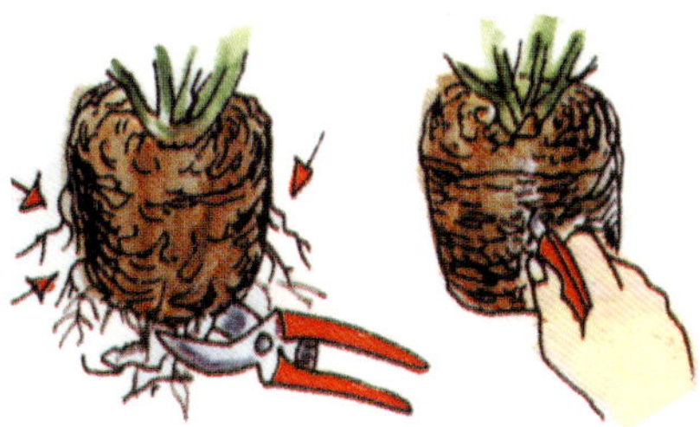

Eventuell Ringelwurzeln entfernen und Verfilzungen durchstoßen.

Pflege

Zwei bis dreimal pro Jahr jäten. Nach der Blüte zurückschneiden und mäßig nachdüngen - ergibt eine üppige Blüte im nächsten Jahr.

Wir empfehlen die praktische und naturgemäße Staudenpflege mit informativen Tipps von Neudorff.

Anlage

Stellen Sie Ihre Stauden nach Wuchshöhe, Formen, Farben und Blütezeit für Ihren Pflanzplan zusammen. Genießen Sie die Freude am ersten Flor und „erlauben“ Sie den Stauden durch rechtzeitigen Rückschnitt eine zweite kräftige Blüte.

Auf den folgenden Seiten zeigen wir Ihnen Beispiele von Stauden-Themengärten.

Infos unter: www.master-stauden.de

Master-Stauden sind in gut sortierten Gartencentern, Baumschulen, Gärtnereien erhältlich, u.a. bei:

Gustav Schlüter Versandbaumschule
Bahnhofstr. 5 • D-25335 Bokholt-Hanredder
Tel. +49 (0) 41 23/20 21 • Fax 70 88
E-Mail: Pflanzen-Schlueter@t-online.de
www. Pflanzenversand-schlueter.de

W. Kordes Söhne Rosenschulen
Rosenstraße 54
D-25365 Klein Offenseth-Sparrieshoop
Tel. +49 (0) 41 21/48 70-0 • Fax 8 47 45
E-Mail: Kordes-Rosen@t-online.de
www.kordes-rosen.de • www.gartenrosen.de

W. Neudorff GmbH KG
Postfach 1209 • D-31857 Emmerthal
Tel. +49 (0) 51 55/6 24-0 • Fax 60 10
E-Mail: info@neudorff.de
www.neudorff.de

Pflanzplan nebenstehender Zeichnung

1 **Iris** - Schwertlilie
2 **Primula** - Primel
3 **Hosta** - Funkie
4 **Astilbe** - Prachtspiere
5 **Paeonia** - Pfingstrose
6 **Cimicifuga** - Silberkerze
7 **Miscanthus** - Chinaschilf
8 **Polystichum** - Schildfarn
9 **Anemone jap.** - Japananemone
10 **Carex** - Segge
11 **Epimedium** - Elfenblume
12 **Sagina** - Sternmoos
13 **Cotula** - Fiederpolster

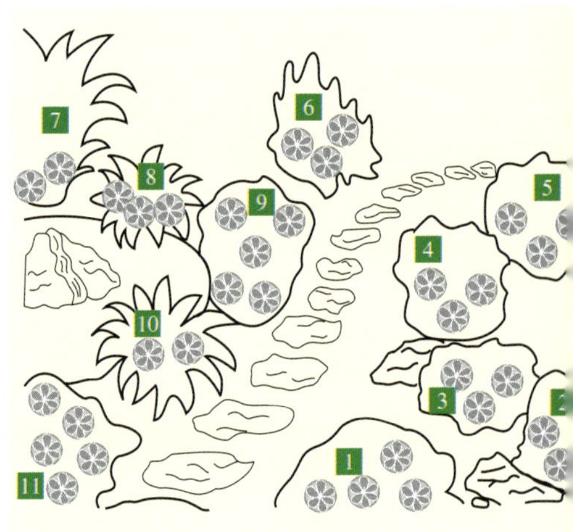

= Anzahl der Pflanzen pro Sorte

Der japanische Staudengarten — fernöstlicher Zauber

Die Gelassenheit des Zen

Ruhe und Besinnlichkeit im eigenen Garten sind kein Geld- oder Platzproblem. Auch ein Teil Ihres Gartens reicht aus, um bewusst Akzente zu setzen, mit Steinen, Wurzeln, bizarren Baumstümpfen oder einer Steinlaterne. Umgeben Sie diese Objekte mit bodendeckendem Grün oder verschieden gemusterten Sandflächen und erschaffen Sie so eine geheimnisvolle Atmosphäre. Trittsteine und regelmäßig oder unregelmäßig angelegte Pflasterwege stellen Verbindungen her zwischen besonderen Elementen und - für den Fernen Osten so typischen Bäumen - und Gehölzen wie z.B. Ahorn, Kiefer, Blumen-Hartriegel, Azaleen, Buchs und Bambus.

Die Farbtupfer setzen Sie ganz natürlich mit Stauden wie Astilbe, Funkie, Elfenblume, Iris, Chrysantheme und vielen mehr.

Der italienische Staudengarten — verleiht mediterranes Ambiente

Ein Hauch von Mittelmeer

Neben hohen, dunkelgrünen Zypressen, farbenprächtigen Bougainvillea und Zitrusbäumchen, können Sie auch mit vielen Stauden ein Stück vom Zauber der italienischen Gärten zu sich nach Hause holen.

Farbenfrohe Stauden aus dem Süden wie Spornblumen, Strandflieder, Junkerlilie, Strohblumen, Buschmalve und weitere. Sie können in Buchs eingefasst und mit gestalterischen Elementen wie Vasen, Brunnen und Säulen kombiniert werden und verleihen Ihrem Garten einen Charakter von mediterraner Lebhaftigkeit und Leichtigkeit.

Bekannte Kräuter aus dem Süden wie Lavendel, Rosmarin, Thymian und Salbei erfüllen mit ihrem würzigen Duft die Luft.

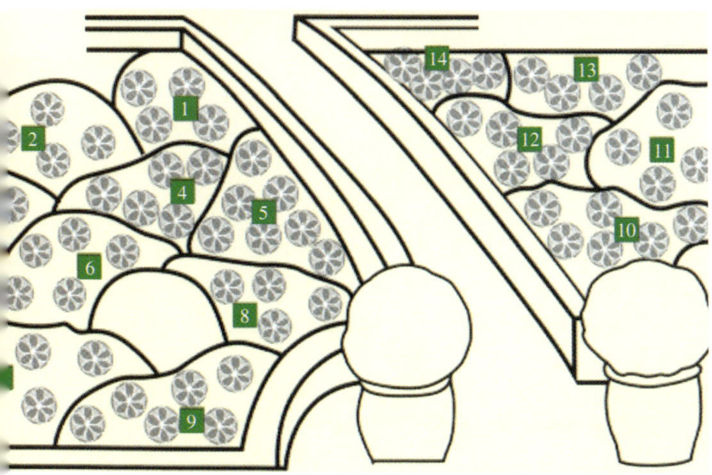

= Anzahl der Pflanzen pro Sorte

Mit Buchs eingefasste Staudenbeete sind für Italien typisch und wunderbar pflegeleicht. Dazu passen Bäume und Gehölze wie Wacholder, in Form geschnittener Buchs und Zypressen.

Pflanzplan obenstehender Zeichnung

1 **Limonium** - Strandflieder
2 **Rosmarinus** - Rosmarin
3 **Asphodeline** - Junkerlilie
4 **Armeria mar.** - Grasnelke
5 **Thymus** - Thymian
6 **Salvia nemorosa** - Salbei
7 **Centranthus** - Spornblume
8 **Helichrysum** - Strohblume
9 **Campanula carp.** - Karpatenglockenblume
10 **Lavandula** - Lavendel
11 **Lavatera thuringiaca** - Buschmalve
12 **Santolina** - Heiligenblume
13 **Calamintha** - Steinquendel
14 **Salvia officinalis** - Gewürzsalbei

Der englische Staudengarten — ein harmonisches Farbenspiel

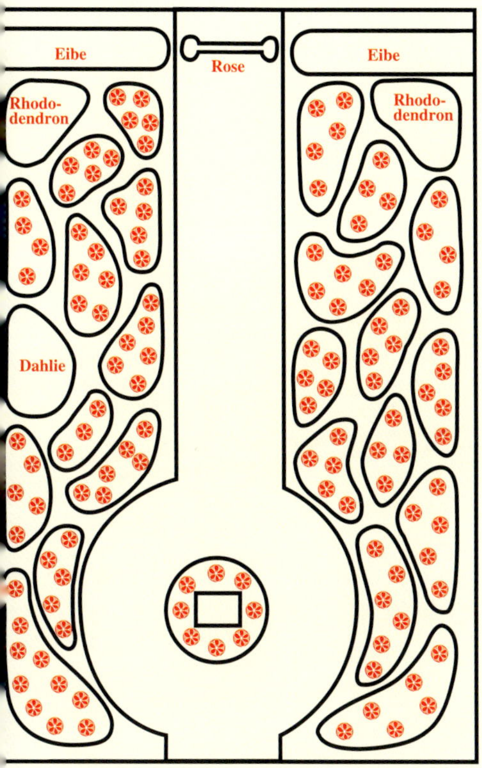

= Anzahl der Pflanzen je Sorte

Eibenhecke, Rose und Rhododendron dürfen im englischen Garten nicht fehlen. Mit Knollen- und Zwiebelgewächsen lassen sich zusätzliche Farbtupfer einbringen.

Die englische Staudenrabatte - Königin der Pflanzungen

Prächtige Blumen und üppige Farben – England gilt seit jeher als Sinnbild für schöne Gärten.

Die englische Gartenkunst lehrt uns: Jeder Garten hat seinen Charakter, seine Persönlichkeit. Diese wird bestimmt durch die Umgebung, und durch die Verbindung von verschiedenen Gartenbereichen wie Lustgarten, Obst- und Gemüseanlagen, Pergolen und Kunstwerken.

Die englische Gartenpflanzung findet den Höhepunkt in den Blumenrabatten, die durch die Harmonie der Farben, Struktur und Textur Ihren Garten zu einem Meisterwerk vollenden. Entspannen Sie sich, indem Sie farblich ineinander verwobene Pflanzengruppen Ton in Ton wählen, oder lassen Sie sich anregen durch das Zusammenwirken von Kontrasten.

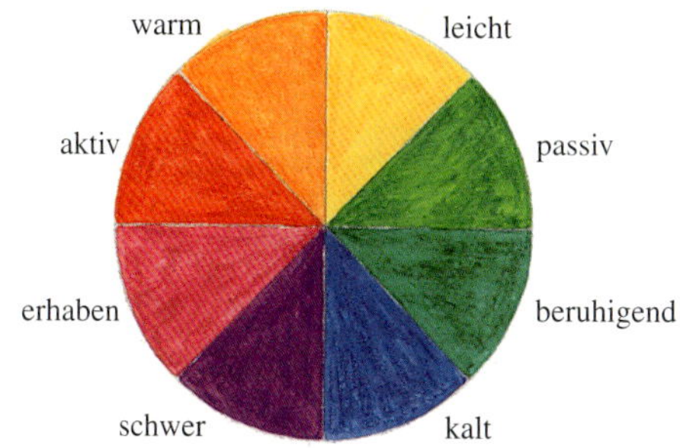

Beispiele für Farbkombinationen

Pflanzplan linksstehender Zeichnung

1 **Leucanthemum max.** - Sommer-Margerite
2 **Aquilegia** - Akelei
3 **Digitalis** - Fingerhut
4 **Alchemilla mollis** - Frauenmantel
5 **Paeonia** - Pfingstrose
6 **Hemerocallis** - Taglilie
7 **Gypsophila** - Schleierkraut
8 **Kniphofia** - Fackellilie
9 **Achillea** - Schafgarbe
10 **Monarda-Hybr.** - Indianernessel
11 **Papaver** - Mohn
12 **Helenium-Hybr.** - Sonnenbraut
13 **Potentilla** - Fingerkraut
14 **Campanula pers.** - Glockenblume
15 **Chiastophyllum** - Goldtröpfchen
16 **Gaillardia** - Kokardenblume
17 **Euphorbia griffithi** - Wolfsmilch
18 **Lysimachia punct.** - Gold-Felberich
19 **Heuchera** - Purpurglöckchen
20 **Alcea** - Stockrose
21 **Phlox pan.** - Stauden-Phlox
22 **Coreopsis** - Mädchenauge
23 **Geum cocc.** - Nelkenwurz
24 **Crocosmia** - Montbretie

Klarheit und Eleganz

Hier stellen wir Ihnen klassische Gartenelemente in unverwechselbarem Design vor, bei denen sich Klarheit und Eleganz mit einem hohen handwerklichen Anspruch verbinden. Vorbilder und Inspiration wurden in den historischen Gärten Englands, Italiens, Frankreichs und der amerikanischen Ostküste gesucht.

Neben der Ästhetik legt der Hersteller, die Firma Classic Garden Elements, größten Wert auf praktischen, gärtnerischen Nutzen. Sie stützt sich dabei auf jahrelange Erfahrungen in der Zusammenarbeit mit den wichtigsten Rosenzüchtern Europas und Anregungen ihrer Kunden.

Viktorianische Rosenbögen

Viktorianischen Vorbildern nachempfunden verbreiten diese Rosenbögen einen Hauch von Nostalgie. Mit Kletterrosen überwuchert verwandeln sie einen Vorgarten zur romantischen Kulisse. Spektakulärer Rahmen auch für Blickachsen oder ein geheimnisvoller Durchgang ins versteckte Gartenparadies.

Rosenlauben

Eleganz, Schlichtheit und Stabilität charakterisieren diese Rosenlaube. Sie wird zum Mittelpunkt des Gartens. Ein Zufluchtsort vor der Hektik des Alltages. In duftender

„Rosen, die das architektonische Grundgerüst des Gartens bekleiden, gestalten die »Wände« des Gartenraums entscheidend mit. Selbst das raffinierteste und grosszügigste bauliche Element wird erst durch attraktive Pflanzen zu einer wahren Augenweide.“
Tony Lord

Abgeschiedenheit unter einem Dach aus Rosen und Geißblatt wieder zu sich selbst und zur Besinnung kommen... Üppig blühender Rahmen für Gartenbank und Co.

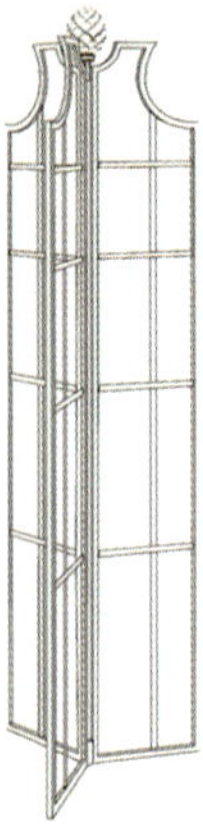

Obelisken

Robuste, echte Klassiker, die auch dem kleinsten Garten Höhe und Struktur verleihen. Einzeln, paarweise oder in Gruppen schaffen diese Obelisken reizvolle Perspektiven und verwandeln selbst unscheinbare Gartenbereiche in Träume von Duft und Farbe. Rechts und links am Wegrand platziert stellen zwei Ranksäulen eine ansprechende Alternative zum klassischen Rosenbogen dar.

Kletterrosen schießen gerne in die Höhe, verkahlen dann aber unten. Gleichmäßig vom Boden weg erblühen ihre langen Triebe dagegen, wenn sie spiralförmig um einen Obelisken gebunden werden. Dies gilt auch für sparrig wachsende Strauchrosen mit ihren schweren, hängenden Blüten, die sich dankbar an diese stabile Säule anlehnen.

Den Charme der Belle Epoque entfaltet das filigrane, dreiflügelige Modell. Es entspricht in besonderer Weise den zarten Blüten von Clematis und historischen Rosen. Prachtvoller Akzent für ein Buchsbaum-Rondell. Poesie für die von der Prosa ermüdeten Augen.

Qualität und Garantie

Alle Produkte erfüllen die höchsten Qualitätskriterien. Stahlbänder und Stahlprofilrohre werden geschweißt, feuerverzinkt und pulverbeschichtet. Der Pinienzapfen ist aus Aluminium gegossen. Auf alle Classic Garden Rankgerüste gibt es 10 Jahre Garantie auf Rost durch Witterungseinflüsse.

Infos unter: Classic Garden Elements
Goethestr. 27 • D-65719 Hofheim
Tel. +49 (0) 61 92/90 04 75 • Fax 90 27 93
E-Mail: cge@classic-garden-elements
www.classic-garden-elements.de

Auch zu beziehen bei:
Country Lifestyle · Schloss Eggeringhausen
Schulstr. 40 · 59609 Anröchte
Tel. +49 (0) 29 47/97 05-11 • Fax 97 05-15
E-Mail: info@country-lifestyle.de
www.country-lifestyle.de

Natursteinmauern – wie gewachsen!

Trockenmauern aus großen Natursteinen passen sich harmonisch ihrer Umgebung an. Oftmals sind sie mit den Böschungen, an die sie angelehnt sind, fest verwachsen.

Geschickte Bepflanzung wie auf dem Foto geben der Mauer zusätzlich Festigkeit und lassen sie als gewachsene Einheit erscheinen. Auf den folgenden Seiten stellen wir Ihnen anhand von Fotos und Schnittzeichnungen attraktive Natursteinmauern vor. Gleichzeitig zeigen wir die Einsatzmöglichkeiten der verschiedensten Steinarten auf und geben eine Aufbauanleitung.

Trockenmauern zur Befestigung des Erdreiches und Überwindung von Höhenunterschieden

Gärten mit Gefälle sind besonders gefährdet, wenn der Sommer sich – wie so oft – innerhalb von wenigen Wochen abspielt und im Übrigen der Himmel sich für ausgiebige Wasserversorgung verantwortlich fühlt.

Wolkenbrüche und Dauerregen schwemmen das Erdreich an die tiefste Stelle, und manch schön angelegtes Gärtchen sieht dann nach der „schönen" Jahreszeit aus wie nach einer Sintflut. Um das zu verhindern, gibt es sicherlich viele Möglichkeiten. Gut bewährt haben sich nach den Erfahrungen der Fachleute Steineinfassungen, Steingärten und – für vielfache Verwendung – Trockenmauern.

Vor allem zur Überwindung von größeren Höhenunterschieden sind Trockenmauern die ideale Hilfe. Ganz abgesehen davon, dass eine terrassenartige Anlage nicht nur nützlich ist, sondern einen Garten auch besonders attraktiv machen kann. Und eine solche Mauer können Sie mit etwas Geschick und sorgfältiger Vorplanung leicht selber erstellen.

Sie benötigen dazu weder Mörtel noch Wasser. Es sei denn, der zu überwindende Höhenunterschied wäre zu groß. Bis zu 80 cm Höhe ist nämlich ein schnell gemachtes Betonbett von 30 cm Tiefe erforderlich, dann brauchen Sie nur noch die richtigen Steine auszuwählen und so zusammenzusetzen, dass sie mit den entsprechenden breiten, durch Lehm, groben Sand und Düngetorf ausgefüllten Fugen gut aussehen. Niedrige Mauern oder Steingärten benötigen nicht einmal ein Betonfundament.

Besonders schön werden Trockenmauern und Steingärten natürlich erst durch die richtige Bepflanzung, und da gibt es ja, wie Hobbygärtner wissen, vielfältige bunte Möglichkeiten. Sie können da ebenso mit schnell blühenden wie mit lange haltbaren Gewächsen arbeiten.

Aus alten Pflastersteinen, die man bei mancher Straßenmeisterei noch preiswert erwerben kann, ist es leichter möglich, eine Trockenmauer in einem Bogen zu führen. Die relative Regelmäßigkeit der Steine ermöglicht sogar exakteres Mauern. Als Hintergrund empfiehlt sich eine Böschung oder die Auffüllung der Rückwand mit Erdreich, da die Breite der Steine für eine freitragende Mauer nicht ausreicht.

Die Ecke, an der die Trockenmauer beginnen soll, braucht einen Pfeiler, an den die erste Steinschicht angebaut werden kann.

Schnitt einer Trockenmauer aus bossierten Bruchsteinen auf etwa 20 cm Unterbeton, Anlauf 20 bis 25%. Davor polygonale Platten als Mähkante. Die Steine liegen in lehmiger Humuserde satt auf und sind mit Lehm verfugt. Einzelne Ankersteine binden zur besseren Festigung der Mauer tief nach hinten ein. Durch die mit Abfallbruchsteinen durchsetzte Erdhinterfüllung werden Durchlüftung und Wasserabzug gefördert.

Diese Mauer ist aus Natursteinen sozusagen „wild", aber geschmackvoll zusammengefügt, hat eine Höhe von etwa 50 cm und ist so breit, dass sie freistehend „überleben" kann.

Abb. rechts: Natürlich kann man auch, wenn man es mag und die räumliche Möglichkeit hat, solche Pflastersteine mit anderen großen „Naturbrocken" zu einer wilden Trockenmauer kombinieren. Bei bunter Bepflanzung kann das sehr gut aussehen.

Schnitt einer Umfassungs- und zugleich Stützmauer zum Abfangen größerer Höhenunterschiede ohne Abdeckplatte aus plattigen, bruchrauen Natursteinen. Fundierung auf Frosttiefe vom unteren Mauerfuß ab Maueranlauf 15%, Fugen 1 cm zurückgesetzt. Wegeplatten bzw. Rasenflächen schließen um 3 cm über der Unterkante des untersten Steines an.

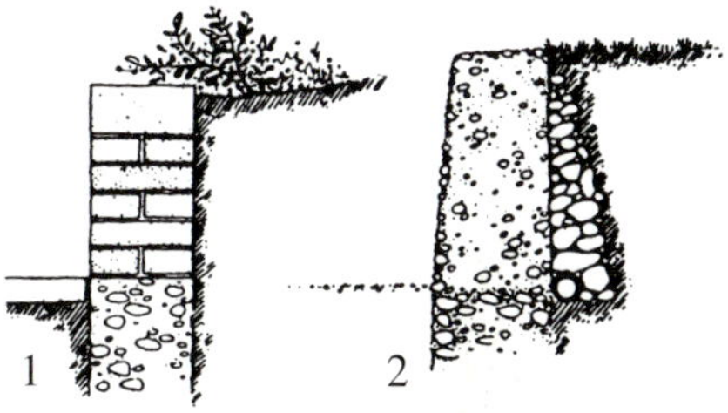

1) Schnitt einer Klinker- bzw. Backstein- oder Ziegelmauer mit Rollschicht als Stützmauer. Anschließende Pflanzfläche einige Finger breit unter Maueroberkante. Fundament darf nicht über dem Belag sichtbar sein.

2) Schnitt einer Waschbetonmauer (die sich mit attraktiven Steinen verblenden lässt) mit körniger Oberflächenstruktur, Anlauf 10%, Oberkante abgerundet und nach vorne geneigt. Die Rasenfläche schließt bündig an. Bei schweren, wasserführenden Böden ist ein Schutz der Mauer gegen Auffrieren notwendig: Bitumenanstrich an der Innenseite oder Drainage durch Kies-Hinterfüllung – Wasserableitung durch Drainrohr.

Trockenmauern zieren jeden Garten. Sie lassen sich am ehesten aus ungleich großen Natursteinen bauen und bunt und geschmackvoll bepflanzen.

Sitzmauer aus Bruchsteinen (Main-, Weser-, Schilfsandstein, Muschelkalk, Juramarmor, Quarzit u.a.), 40 bis 45 cm hoch, unten 45, oben 40 cm breit, mit bruchrauer, abgeflächter oder zweiseitig gesägter Abdeckplatte gleichen Materials, 50 cm breit, 6 cm stark. Schichtstärken 4 – 16 cm. Belag: polygonale Natursteinplatten, bruchrau, mit Seitenlängen nicht unter 30 cm.

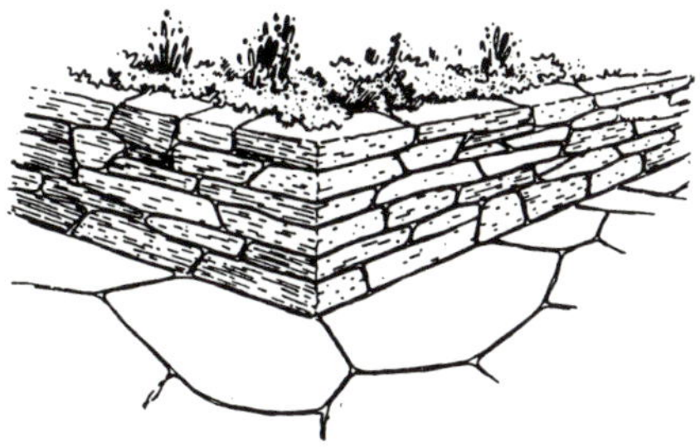

Mauerwerk aus schieferartigen Bruch- oder Feldsteinen im unregelmäßigen Fugenverband, als Trockenmauerwerk oder in Zementmörtel. Anlauf 15 – 20%, Fugen zurückgesetzt, evtl. auch bepflanzt.

Niedere Stützmauer aus Solnhofener Platten oder schmalen, zweiseitig gesägten Natursteinriemchen. Anlauf 10%, Fugen leicht zurückgesetzt. Hier lassen sich verschiedene, in der Struktur ähnliche Gesteine verwenden, z. B. Muschelkalk + Solnhofener Platten + Jura-Marmor, oder Main- + Schilfsandstein + Quarzit, um eine leichte Farbigkeit zu erzielen. Belag: rechtwinkelige Natursteinplatten verschiedener Längen und Breiten, nicht unter 4 cm stark.

40 cm hohe Klinkermauer mit „Rollschicht“ als Abschluss, Fugen bündig. Anschließender Belag: flach verlegte Klinker in verschiedenen Verlegemustern oder Klinkerspaltplatten in braunen oder roten Farbtönen.

Erstellung einer Trockenmauer

Zum Bau dieser Trockenmauer benötigen Sie neben den passenden Natursteinen Grassoden.

Wenn Sie Grassoden nicht aus dem Garten holen, sind sie in Rasenschulen zu kaufen. Die Soden müssen vorsichtig ausgestochen und transportiert werden.

Die „Grundsteinlegung" ist die wichtigste Vorarbeit für die Trockenmauer.

Damit legen Sie nämlich die Breite an und schaffen sich das notwendige Fundament für die Standfestigkeit, vor allem, wenn die Mauer sich frei stehend in Wind und Wetter behaupten soll. Also: zwei Reihen Natursteine im Abstand der Mauerbreite, die Sie vorgesehen haben. Sie müssen aber auch darauf achten, dass sich die Mauer nach oben verjüngt, das heißt, schmaler werden sollte. Zum Beispiel: Die unterste Lage hat eine Breite von 80 cm, die oberste ist vielleicht noch 50 oder gar nur 40 cm breit.

Den Raum zwischen den beiden untersten Steinlagen füllen Sie im nächsten Arbeitsgang sorgfältig auf. Es empfiehlt sich, guten Mutterboden zu verwenden, damit die Pflanzen auch die notwendige Grundlage für das Wachstum haben. Komposterde mit Torfmull vermischt eignet sich am besten.

Die Erde muss kräftig festgeklopft und ausgestrichen werden, am leichtesten geht das mit Maurerwerkzeug. Sie sollen vorher den Boden mit Hilfe eines passenden Brettes festtreten.

Die Ränder der einzelnen Steinschichten werden schließlich mit den ausgestochenen Grassoden aufgefüllt. Festes, glattes Verlegen ist die Voraussetzung für gutes

Anwachsen in Verbindung mit der Muttererde. Auf diese Weise wird zugleich die entsprechende Unterlage für die nächste Steinschicht gebildet..

Nachdem Sie mit den Grasnarben und dem Erdreich wieder eine glatte Fläche geschaffen haben, folgt das Setzen der nächsten Natursteinschicht. Bitte darauf achten, dass bereits diese Lage ein wenig eingerückt werden muss, damit die gleichmäßige Verjüngung der Mauer nach oben gewährleistet wird.

Der Beginn der Bepflanzung erfolgt, wie Sie wissen, am sichersten im Herbst oder spätestens im frühen Frühling. Es bieten sich vielerlei Blumen, Stauden und Gewächse an: Kiefern, Farne, Heidekraut, jegliche Art von Koniferen und anderes mehr.

Noch ein Vorschlag zum Schluss. Sie sollten die Trockenmauer nicht exakt und gleichlinig bauen. Sie soll ja ein „Naturprodukt" sein und sich der Landschaft Ihres Gartens möglichst gut anpassen. Darüber hinaus ist das auch gut

für die Standfestigkeit und bietet letztlich sogar noch mehr Möglichkeiten für die Bepflanzung.

Zwei weitere Beispiele schöner Trockenmauern sehen Sie auf den Abbildungen oben und links.

Hier können Sie Natursteine bestellen:

michel oprey Natursteine
Linsellesstrasse 113 • D-47877 Willich 3, Schiefbahn
Tel. +49 (0) 21 54/51 66 oder 52 34 • Fax 66 86
E-Mail: michel@oprey.de • www.oprey.de

Steinlandschaft: *Bizarr und verspielt gestaltet*

Mächtige Findlinge, in zarte, bunte Blütenteppiche gebettet, karge Felsbrocken, von üppig grünen Pflanzenpolstern umwuchert – ein Steingarten lebt von Kontrasten.

Die Anlage einer solchen, gleichzeitig bizarr und verspielt wirkenden Stein-landschaft ist keineswegs kompliziert, vorausgesetzt Grundstück und Bodenbe-schaffenheit eignen sich dafür. Ideale Bedingungen: ein sanfter Hang in Nord-ost-Richtung, sonnig und offen gelegen, damit sich die Hitze nicht stauen kann – auf keinen Fall in der Nachbarschaft von Bäumen. Wichtig ist eine rasche Drainage (um die Durchlässigkeit des Bodens festzustellen, sollten Proben entnommen werden).

Die optimale Erdmischung besteht aus zwei Teilen Lehm, einem Teil groben Sandes und einem Teil gut verrotteter Lauberde, sorgfältig von allem Unkraut befreit und mit organischem sowie mineralischem Dünger aufbereitet. Sind diese Voraussetzungen gegeben, dann steht Ihrem Gartenobjekt nichts mehr im Wege. Am besten fangen Sie gleich an, den „Grundstein" zu legen – auf Ihrem nächsten sonntäglichen Spaziergang: In Wald und Flur Steine zu sammeln macht nicht nur Spaß, sondern spart auch eine Menge Geld. Vor allem größere Exemplare sind nicht gerade billig. Und gerade die „Großen" sind die Schmuckstücke eines jeden Steingartens. (Achtung: Auto nicht überladen!)

Ist die Ausbeute zufrieden stellend, geht's an einen – möglichst maßstabsgetreuen – Gartenplan. Welche Steine kommen wo am besten zur Geltung?

Ein Blütenteppich macht „tote" Steine lebendig. In solchen Kontrasten liegt der Reiz eines Steingartens, der auch noch auf kleinstem Raum seine ganze Wirkung entfaltet.

Die Bezugsadresse von Schmucksteinen finden Sie auf der Seite 75.

Der Steingarten – ein naturgemäßer Lebensraum

Steingärten passen besonders gut zu kleinen Grundstücken. Die Pflanzen bleiben klein, und trotzdem gibt es eine große Vielfalt an Farben und Formen. Mit den dazugehörigen Steinen können schöne Gartenbereiche gestaltet werden.

Der richtige Standort

Steingärten können sowohl in der Sonne angelegt werden als auch im Schatten, an der Terrasse, am Teich oder sogar in Kübeln. Sehr schön ist eine leichte Hanglage oder auch eine Steinmauer als Hintergrund. Wichtig ist, dass zu dem Standort und zu der ausgewählten Gesteinsart die richtigen Pflanzen verwendet werden. Nahezu alle Steingarten-Pflanzen benötigen einen wasserdurchlässigen Boden. Feste Tonböden müssen unbedingt mit gewaschenem Sand oder Kies aufgelockert werden. Staunässe führt bei den meisten Steingarten-Pflanzen zum Absterben. Sehr sinnvoll ist auch eine Drainage, die ein Fachbetrieb durchführen sollte, da hierbei größere Erdbewegungen notwendig sind.

Abb. unten: Klaus M. Bayer

Etwas Pflege braucht Ihr Steingarten

- Vor allem im ersten Jahr der Pflanzung bei Bedarf gießen
- Die meisten Steingarten-Gewächse sind „Hungerkünstler“, die nur wenig Nährstoffe benötigen. Hier ist es ausreichend, im Frühjahr einmal Azet Rosen-Dünger auszubringen und einzuarbeiten

Azet Rosen-Dünger von W. Neudorff ist ein organischer NPK-Dünger, der im zeitigen Frühjahr und im Sommer angewendet werden kann.

- Pflanzen in Mauerritzen oder Gesteinslücken können mit dem flüssigen Bio Trissol Blumen Dünger versorgt werden. Auf hellen Steinen ist allerdings Fleckenbildung möglich
- Kies oder Grus auf den freien Bodenflächen immer wieder auffüllen
- Bei einigen Arten ist Winterschutz notwendig. Eine Schneedecke schützt vor niedrigen Temperaturen und starker Sonneneinstrahlung. Als Schutz dient auch ein luftdurchlässiges Vlies oder Fichtenreisig
- Im Frühjahr Laub, trockene Pflanzenteile und Samenstände entfernen. Mit einer kleinen Kralle den Boden leicht auflockern
- Unkrautjäten bei Bedarf

Tipps zur naturgemäßen Gestaltung

- Abwechslung und Kontrast sind wichtig. Pflanzen Sie besonders schöne Gewächse vor oder neben große Steine.
- Immergrüne, silberlaubige Arten oder solche mit weißen Blüten bringen Ruhe in die Gestaltung.
- Eine Trockenmauer ist eine optisch reizvolle Abgrenzung im Steingarten. Sie wird ohne Mörtel, also trocken, aufgeschichtet. Hiermit können nicht nur Hänge abgefangen werden. Auch der Bau von Hochbeeten, Treppen und Wegen ist so möglich.

- Reizvolle Effekte erzielt man, wenn Pflanzen in Spalten von Gesteinen oder Trockenmauern gesetzt werden. Am sinnvollsten ist es, wenn die Pflanzen gleich beim Bau der Trockenmauer eingesetzt werden. Manchmal können jedoch nur bereits vorhandene Ritzen bepflanzt werden. Dann wird die Öffnung mit einem Meißel erweitert. Das Innere wird mit Wasser befeuchtet und dann mit Hilfe eines Löffels mit Erde gefüllt. Mit Hilfe von zwei schmalen Spachteln die Pflanze vorsichtig einsetzen.

- Um eine natürlich wirkende Verteilung zu erzielen, pflanzt man meist mehrere Exemplare einer Art. Bei klein bleibenden Arten werden sie in Gruppen gepflanzt. Größer werdende Polsterstauden dagegen werden im Beet verteilt

Kein Steingarten ohne Pflanzen

Beachten Sie neben den persönlichen Vorlieben bei der Auswahl der Pflanzen auch Blütezeit, Blattzeichnung und die Wuchsform (z.B. Rosette oder Polsterbildung). Zur Auswahl stehen neben Stauden auch Zwiebel- und Knollengewächse, Farne, Gräser, klein bleibende Gehölze sowie Sommerblumen. Natürlich muss auch der Standort mit einbezogen werden. Farne fühlen sich eher im Schatten oder Halbschatten wohl, und im alkalischen Kalkstein werden Enzian oder Zwerg-Schafgarbe nur schlecht wachsen, da sie einen sauren Boden benötigen.

Infos über ein umfangreiches Programm für naturgemäßes Gärtnern und Düngen:

W. Neudorff GmbH KG
Postfach 1209 • D-31857 Emmerthal
Tel. +49 (0) 51 55/6 24-0 • Fax 60 10
E-Mail: info@neudorff.de
www.neudorff.de

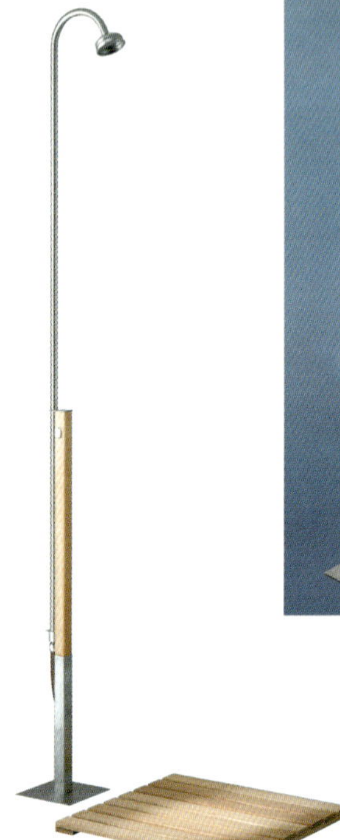

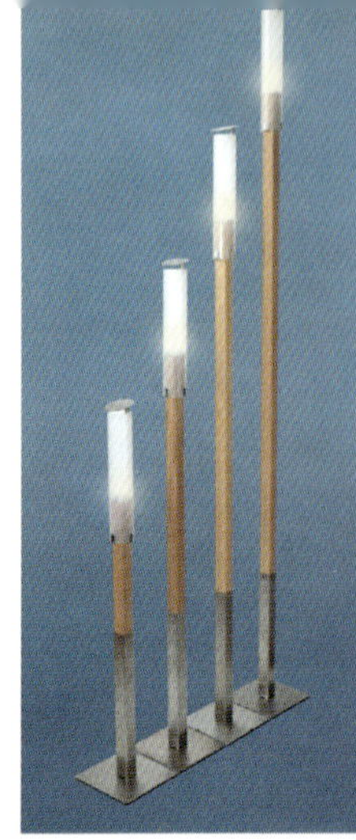

Spektakuläre Gartenaccassoires

Die während der letzten Internationalen Möbelmesse erstmals vorgestellte Gartenaccessoires-Serie „Loom gardening" – entworfen von Jochen Schmiddem für projekt W – wird jetzt um zahlreiche attraktive Produkte erweitert, die den innovativen Charakter der außergewöhnlichen Serie unterstreichen.

Die Zusammenarbeit zwischen dem Berliner Designer und projekt W trägt seit zwei Jahren erfolgreiche Früchte. Windlicht, Gartendusche, Vogeltränke, Carport und Feuerstelle machten den Anfang. Mit weiteren Windlichtvarianten, Gartenleuchten und Lampions, einer Feuersäule, einem Gummistiefelhalter, einer Bank, einem Vogelhaus sowie einer spektakulären Hollywoodschaukel wird das attraktive Produktprogramm ausgebaut.

Die Gartenaccessoires spiegeln die Designphilosophie des Berliners Schmiddem, der zu den progressivsten Designern der internationalen Szene zählt, kongenial wider. Produkte sind seiner Meinung nach heute nur noch sinnvoll und erfolgreich, wenn sie eine Botschaft vermitteln und Gefühle erzeugen. Das ist projekt W und Schmiddem mit dieser Serie hervorragend gelungen.

Infos unter: Loom gardening
projekt W GmbH
Geseker Str. 36 • D-33154 Salzkotten
Tel.: +49 (0) 5258/9828-0 • Fax 982828
E-Mail: info@loom-gardening.de
www.loom-gardening.de

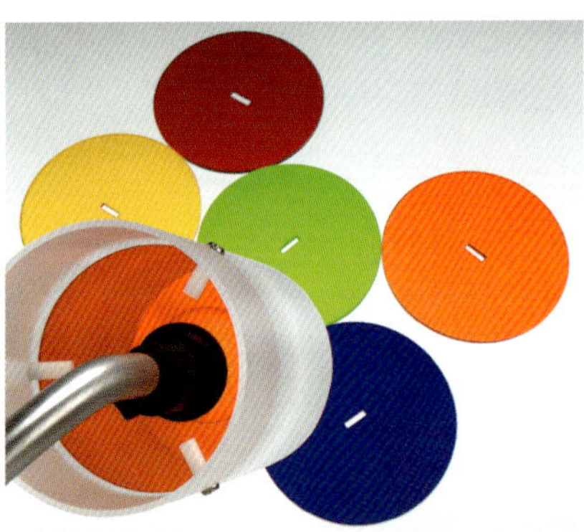

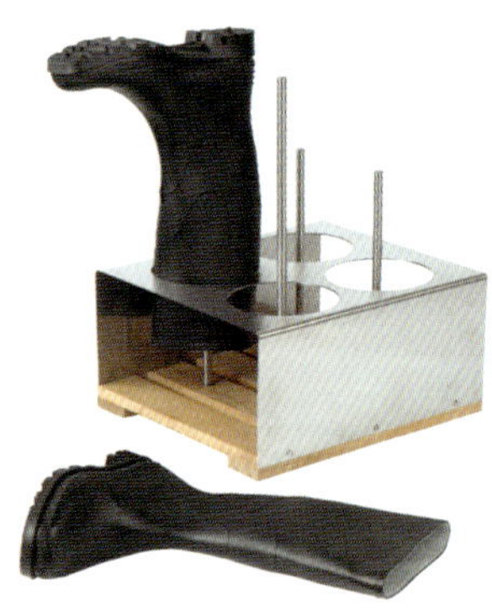

Gedanken in den Garten tragen

In Deutschland gelten die Arbeiten des ungarischen Künstlers Kálmán Könyves aus Gödöllö unter Gartengenießern längst als Geheimtipp.

Kunst ist, was die stilistisch eigenständige Prägung dessen in sich trägt, der sie schafft. Der Künstler Kálmán Könyves ist ausgebildet in Bildender Kunst und überdies Gartenarchitekt. Eingang in Gärten findet sein Œvre dort, wo Menschen ihr Lebensgefühl bewusst gestalten. So spiegelt sich ihr eigener Gestaltungswille im Wesen der Kunst wider: im persönlichen Ausdruck seiner selbst.

Kálmán Könyves formuliert es so: „Ich glaube, dass der Garten – und in ihm alle Gegenstände – Gedanken tragen soll.“ Kunst als innewohnender Gedanke – diese Faszination gestaltet Gärten ebenso wie Wintergärten, macht vor Balkon und Terrasse nicht Halt und lässt sich sogar in Wohnräumen effektvoll inszenieren. Wahre Kunst prägt das Wohnumfeld dessen, der in ihm lebt – und prägt sich ein ...

Echte Hingucker im formvollendeten Gartenteich sind Könyves´ Kupfervögel EJNYE und BEJNYE.

FRÀNYA heißt diese neue Arbeit von Kálmán Könyves. Sie bereichert stilvolle Wintergärten ebenso gut wie ausdrucksstarke Wohnräume.

Charmant und handwerklich perfekt bis ins Detail: LENCSE passen selbst auf Balkon oder Terrasse.

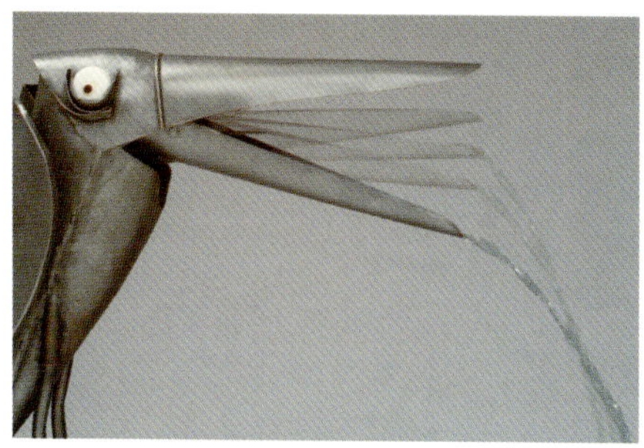

Markenzeichen der Kupfervögel von Kálmán Könyves sind die beweglichen, Wasser speienden Schnäbel.

Infos unter: Kert M. Kft.
H-2100 Gödöllo • HU-Széchenyi u. 7/a.
Tel.: +36 3 09/66 26 80 • Fax +36 28 41 50 15
E-Mail: kert-m@kert-m.hu
www.kert-m.hu

Auch zu beziehen bei:
Country Lifestyle • Schloss Eggeringhausen
Schulstr. 40 • D-59609 Anröchte
Tel.: +49 (0) 29 47/97 05-11 • Fax 97 05-15
E-Mail: info@country-lifestyle.de
www.country-lifestyle

Edles für den Garten aus Edelstahl

Seine steigende Beliebtheit verdankt Edelstahl in erster Linie seiner Eleganz, Langlebigkeit und Beständigkeit, die sich ohne großen Pflegeaufwand über Jahrzehnte erhalten lässt. Durch seine besonderen Eigenschaften ist Edelstahl wie kaum ein anderes Metall für den Einsatz im Außenbereich geeignet.

Das bima-Gartensystem verfolgt zwei Zielsetzungen: Einerseits sollen die Gartenmöbel aus dem Hause bima nicht von der Schönheit der Natur ablenken, sondern diese herausstellen. Andererseits lassen sie an Design und Qualität keine Wünsche offen. Denn wie man sich darstellt, so wird man gesehen.

Ein Highlight im bima-Programm ist die Gartenbrücke

Die Verbindung von hochwertigem Edelstahl und Holz in seiner schönsten Form geben der Brücke ihren besonderen formalen Ausdruck. Ihre Eleganz und ihr zeitloses Design verleihen jeder Gartenanlage eine besondere Aura. Durch die leichte Wölbung der Brücke wird der schwebende Eindruck noch verstärkt.

Die Edelstahlbank

Ebenfalls eine Kombination aus Edelstahl und Holz ist die elegant geschwungene Gartenbank. Durch ihre einladende Form lädt sie zum Verweilen und Entspannen ein. Ihren Charakter erhält die Bank durch die kompromisslose Funktionalität, ihre ansprechende Form und die Reduktion auf das Wesentliche. Edelstahl in der Kombination mit Holz setzt spannende Akzente und spricht eine klare, zurückhaltende Sprache.

Formschöne Brücke aus Edelstahl und Holz.
Länge: ca. 3.000 mm, Breite: ca. 1.160 mm

Eine zeitlose, elegante Bank aus Edelstahl und Holz. B x H x T: 1.700 x 840 x 440 mm

Oktogonförmiger Edelstahl-Pavillon. Durchmesser: ca. 3.160 mm, Höhe: ca. 3.100 mm

Das Edelstahl-Tor

Die markante Offenheit des Edelstahltores verbindet sich mit der schlichten Schönheit des Rosenbogens zu einer klar geformten Einheit und sorgt für einen bleibenden Eindruck bei Ihren Besuchern.

Kombination aus Rosenbogen und Rundbogentor aus Edelstahl.
Rosenbogen B x H x T: 1.090 x 2.160 x 400 mm,
Rundbogentor B x H: 960 x 1.990 mm

Der Edelstahl-Pavillon

Einladend schön und übersichtlich präsentiert sich der Edelstahl-Pavillon aus dem Hause bima. Nicht nur die außergewöhnliche oktogonförmige Bauweise, sondern auch die eleganten, zeitlosen Rundformen machen diesen Pavillon so unverwechselbar. Form und Material beleben einander und sorgen für Individualität und Stil. Die ansprechende Gestaltung des Edelstahl-Pavillons schafft Aha-Erlebnisse und belebt jeden Garten.

Praktisch: die Garten-Werkbank

Die Werkbank ist der ideale Arbeitsplatz für den Außenbereich. Sie ermöglicht ein aufrechtes und damit körpergerechtes Arbeiten. Aufgrund des rostfreien und robusten Materials können auch feuchte Materialien wie z. B. Erde der Oberfläche nichts anhaben, die dadurch problemlos zu reinigen ist.

Gärtner-Tisch aus Edelstahl
B x H x T: ca.1.000 x 1.200 x 550 mm

bima bietet einen kostenlosen Katalog mit überraschenden Möglichkeiten.

Infos unter: bima Industrie + Service GmbH
Floßwörthstraße 39 • D-68199 Mannheim
Tel. +49 (0) 621/84505-190 • Fax 84505-907
E-Mail: info@bima.de • www.bima.de

Erfolgreiche Gartenpflege mit System

Gartenarbeit soll Spaß machen. Um das üppige Wachsen und Gedeihen im eigenen grünen Paradies zu fördern, soll Gartenpflege auf jeden Fall so leicht wie möglich sein. Der Garten ist Ihre Passion, und der Genuss sollte alle Mühen überwiegen.

Auf die Anlage des Gartens sollten Sie sich immer gut vorbereiten. Dazu gehört neben einer Grundidee über die Aufteilung des Gartens auch die genaue Überlegung, was an welcher Stelle wachsen soll. Hier ist das richtige Werkzeug das A und O.

Weitere Infos:
Wolf-Garten GmbH & Co KG
Industriestr. 83-85 • D-57518 Betzdorf/Sieg
Tel. +49 (0) 27 41/2 81-0 • Fax 2 81-3 12
E-Mail: info@de.WOLF-Garten.com
www.WOLF-Garten.com

So dringt veraltetes Gartengerät in den Boden ein: Der ungünstige Winkel der Metallklauen zum Stiel führt zu einer unregelmäßigen Bearbeitungstiefe. Der Zwang zur hackend-schlagenden Arbeitsweise verstärkt diesen Nachteil noch.

Geräte von WOLF-Garten sind in einem optimalen „Präzisionsarbeitswinkel“ zum Stiel positioniert. Verwenden Sie die für Ihre Körpergröße passende Stiellänge, und Sie erleben, wieviel leichter es mit dem passenden Gerät gehen kann.

Edle Gartengeräte in bester Qualität

Diese Gartenge-räte sind in handwerklicher Arbeit aus hochwertigem, rostfreiem Edelstahl gefertigt. Sie sind deshalb nahezu unverwüstlich und besitzen eine lange Lebensdauer.

Der kunststoffummantelte, unzerbrechliche Stahlrohrstiel ist fest mit dem Spatenblatt bzw. der Grabegabel vernietet. Der ergonomisch geformte Griff und die ausgewogene Gewichtsverteilung dieser Geräte gewährleisten ein zügiges Arbeiten. Der hochglanzpolierte Edelstahl erleichtert durch die immer glatt bleibenden Edelstahlflächen die Arbeit, speziell in lehmigen, feuchten und krustigen Böden. Die breiten Trittkanten erlauben einen kraftvollen Einsatz.

Praktisch und nicht „klein zu kriegen", diese Handgeräte aus Edelstahl und Hartholzgriff.

Eine optimale Kollektion dieser hochwertigen Gartengeräte steht zur Verfügung – besonders sinnvoll: Spaten für Damen.

Ein Traum von Gießkanne

Diese Gießkannen sind das Optimum, was bislang auf diesem Sektor produziert worden ist. Neben der beeindruckenden Optik haben sie einen besonders starken Boden und – auch das ist besonders – einen schraubbaren Brausekopf. Die hochwertigen Gießkannen mit 8,5 Liter Inhalt werden von einem namhaften Kochtopfhersteller nahtlos gefertigt.

Infos unter: COUNTRY-Gartengeräte
Waldstr. 23b • D-32105 Bad Salzuflen
Tel. +49 (0) 52 22/1 22 97 • Fax 1 62 34
E-Mail: info@country-gardentools.de
www.country-gardentools.de

Auch zu beziehen bei:
Country Lifestyle • Schloss Eggeringhausen
Schulstr. 40 • D-59609 Anröchte/Mellrich
Tel. +49 (0) 29 47/97 05-11 • Fax 97 05-15
E-Mail: info@country-lifestyle.de
www.country-lifestyle

HONDA

Rasenmäher — die besten Freunde im Garten

Was gibt es Schöneres als einen gemütlichen Nachmittag im Garten? Mit seinen Freunden bei einem kühlen Drink entspannt den Tag genießen und den fein geschnittenen Rasen unter den nackten Füßen zu spüren.

Benzinrasenmäher mit vielen Extras

Tipps zur Wahl des Mähers

Honda bietet Ihnen ein breites Sortiment an leistungsstarken Rasenmähern, um Ihre individuellen Wünsche zu erfüllen. Denn gleichgültig ob Sie günstig einsteigen wollen, langlebigen Komfort bevorzugen, eine kleine oder große Fläche zu mähen haben - Honda hat genau den richtigen Mäher. Ist Ihr Rasen groß und uneben, empfiehlt man einen Benzinrasenmäher. Er verfügt über leistungsstarke Motoren.

Walzenmäher

Benzinrasenmäher mit Alu-Gehäuse- extra langlebig

Dreifach erstklassig: robustes Aluminium-Druckguss-Gehäuse, zuverlässige Honda-4-Takt-OHV-/OHC-Motoren,

Profigerät

präzises Mähwerk. Damit - und mit vielen weiteren Details - bilden diese Mäher die Königsklasse unter den Rasenmähern.

Mulchmäher sind wahre Naturfreunde

Durch die ausgefeilte Technik wird das abgeschnittene Gras zuerst fein gehäckselt und dann fast unsichtbar in die Rasenfläche zurückgeblasen, wo das Schnittgut kompostiert. So können die Nährstoffe direkt von der Rasenwurzel aufgenommen werden. Erfreulicher Nebeneffekt: Das Ausleeren des Grasfangsacks entfällt. Mehr Zeit, einen perfekt geschnittenen Rasen zu genießen. Für alle Honda-Benzinrasenmäher gibt es einen Mulchsatz als Zubehör.

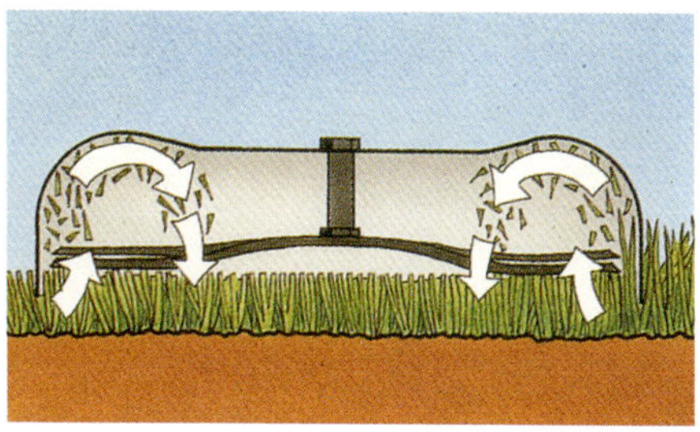

Nur das Beste für große Flächen

Rasentraktoren sorgen dafür, dass das Mähen von großen Rasenflächen mit hohem Komfort und Spaß verbunden ist.

Neueste Technologien, kraftvolle und sparsame Motoren garantieren dem anspruchsvollen Grundstücksbesitzer perfekte Rasenflächen. Moderne Rasentraktoren sind einfach in der Bedienung und herausragend in der Sicherheit. Sie erfüllen höchste Qualitätsansprüche und ihr Design spricht für sich: schon die Optik zeugt von hochwertiger Verarbeitung und sie sind robust und langlebig.

Bequemes Entleeren der Grasfangbox

Neben dem Design sind die 2 Zyl.-4-Takt V-Twin-Motoren die gemeinsame Basis der Honda Rasentraktoren. Sie vereinen hohe Leistung mit niedrigem Verbrauch, sind vibrationsarm, leise und emissionsarm. Schon jetzt erfüllen sie die strenge EPA-Norm, die ab 2005 gültig sein wird.

Ein Spitzenmodell besitzt z.B. ein elektronisch zuschaltbares Sichelmähwerk mit einer Schnittbreite von 122 cm, angetrieben wird dieser Rasentraktor von einem leistungsstarkem 20 PS Motor. Der kraftvolle Motor wird wie bei allen Modellen elektrisch gestartet, die Geschwindigkeit über das Hydrostat-Getriebe stufenlos und ruckfrei eingestellt. Ein Knopfdruck genügt, um das multifunktionale Mähwerk über die elektromagnetische Messerkupplung ein- oder auszuschalten.

Der Fahrer kann die Art des Mähens wählen: rückwärtiger Auswurf des Mähguts, mulchen (Mulchstopfen) oder wie üblich schneiden und auffangen. Die Grasfankbox ist einfach einzuhaengen, ohne Rückstande zu entleeren und leicht zu reinigen.

Ohne vom Fahrersitz aufzustehen, kann die Grasfangbox bequem elektronisch entleert werden. Das Volumen des Behälters wurde der Schnittbreite von 122 cm angepasst. Er fasst 360 Liter und sorgt für lange Arbeitsintervalle. Durch ein akustisches Signal und eine Kontrollleuchte im Multifunktionsdisplay (Cockpit) wird dem Fahrer mitgeteilt, dass der Behälter voll ist.

Aufsitzmäher mit integriertem Mulchmähdeck

Die beste Art der Bodenbearbeitung

Damit Saatgut und Pflanzen gut gedeihen, muss der Boden kultiviert werden. Wer Handarbeit vermeiden möchte, greift zur Motorhacke. Diese machen dem Hobbygärtner schwere Arbeiten leichter.

Die Modelle Honda FG 201 und FG 205 sind kompakt leicht und leise, trotzdem gehen sie kraftvoll zur Sache. Auch Frauen und ältere Menschen können mit solchen Motorhacken das kräfteraubende Umgraben einfach und locker bewältigen.

Diese Motorhacken sind Alleskönner und garantieren beste Ergebnisse. Mit einer Arbeitsbreite von 30 cm kommt z.B. die FG 201 im Blumen- und Gemüsebeet, zwischen Stauden und bei der Rasenpflege zum Einsatz. Spatentiefes Umgraben im Gemüseanbau ist für die FG 205 mit einer Arbeitsbreite von 45 cm kein Problem.

Neue Motorhacken erfordern moderne 4-Takt Motoren. Honda Motorhacken bieten ein einzigartiges Leistungs/Gewichtsverhältnis. Sie sind ungemein leicht und kompakt, aber erstaunlich leistungsstark. Ein angenehmer Nebeneffekt - der Motor ist der leiseste und abgasärmste seiner Klasse. Die FG 201 und FG 205 garantieren deshalb für den Nutzer und Nachbarn eine ruhige Gartenarbeit.

Die Motorhacken sind schnell und leicht zu starten: Ohne viel Kraftaufwand mit dem Leichtstart-Seilzug. Die Bedienung der Motorhacken ist kinderleicht. Mit der rechten Hand wird der Gasgriff bedient und alle weiteren leichtgängigen Bedienelemente machen das Arbeiten zum Kinderspiel.

Der höhenverstellbare Holm der FG 205 lässt sich leicht auf jede Körpergröße anpassen und ermöglicht ein bequemes und sicheres Führen der Motorhacke. Die FG 201 und FG 205 sind durch einen niedrigen Schwerpunkt hervorragend ausbalanciert.

Infos unter:
Honda Motor Europe GmbH
Sprendlinger Landstraße 166 • D-63069 Offenbach
Tel. +49 (0) 69/83 09-0 • Fax 83 09-5 19
E-Mail: info@post.honda.de
www.honda.de

Wasser und Licht im Garten

Basisvoraussetzung für einen schönen und lebendigen Garten bei Tag und bei Nacht sind entsprechende Wasser- und Lichtquellen. Diese kann man im Garten verstecken und/oder als Gestaltungselemente einsetzen. Gartengestaltende und hochwertige Produkte bietet z.B. die Fa. GART + ART an. In deren hochwertigem, durchgängig gestalteten Programm aus Edelstahl und Messing finden Sie Wasserzapfstellen für die Gartenfläche, die Hauswand und mobile Wasserspender.
Abgerundet wird das umfassende Programm durch ein Leuchtenprogramm im gleichen unverwechselbaren Design.

Wasser-Caddy und Mobil-Brause: Kapazität 40 m, Aktionsschlauch 4 m, komplett Edelstahl. Die mobile Dusche mit Mengenregulierung ist im Baukasten-System auch zum Rasensprenger umrüstbar.

Wasser-Paneel mit und ohne Becken: Edelstahl-Halbsäule, mit Wasserhahn. Ein zusätzliches Ventil versorgt z.B. den Edelstahl-Schlauchentwickler. Das Wasserpaneel verdeckt gleichzeitig hässliche Aufputzmontagen. Aus alt wird chic! Schlauchentwickler (ca. 30 m) auch für Wasserpylon.

Wasser-Pylon mit Brause und Schwimmteich für den Wasserspaß und Hygiene am Schwimmteich und im Garten. Warmwasseranschluss zum Warmduschen möglich.

Wasserzapfstellen in Garten

Grundvoraussetzung für den schönen grünen und blühenden Garten ist eine bedarfsgerechte Bewässerung. Neben Unter-Flur-Bewässerungssystemen werden zur individuellen und liebevollen Pflanzenpflege nutzergerecht platzierte Wasser-Zapfstellen im Garten und auf der Terrasse benötigt.
Zur vielseitigen Wasserversorgung der Freifläche oder am Schwimmteich bietet sich der Wasser-Pylon an. Er kann ge-

nutzt werden als zentrale Wasserzapfstelle und als Dusche. Adaptiert werden können ein Edelstahl-Schlauchwickler und/oder -Becken.
Als Wasserzapfstelle an der Hauswand bietet sich das Wasser-Paneel, mit oder ohne Becken, an. Besonders sinnvoll in Kombination mit dem Edelstahl-Schlauchwickler. Die Halbsäule kann gleichzeitig alte Wasserhähne und Aufputzleitungen abdecken.

Licht-Pylone: Leuchten in den Höhen 45 cm, 60 cm, 100 cm, alternativ mit einem oder zwei Fenstern, Acrylglas und Energiesparlampe. Spießmontage ist möglich.

Licht und Strom im Garten

Licht-Pylone und Licht-Paneele sind krönender Abschluss jeder liebevollen Gartengestaltung.
Die langlebigen, pflegeleichten Edelstahlprodukte bewirken bei Dunkelheit trittsichere Ausleuchtung von Wegen, Treppen und Plätzen. Und bei Tageslicht korrespondieren sie mit den design-identischen GART+ART-Wasserprodukten. Moderne Kompaktleuchtstofflampen sorgen für niedrige Betriebskosten. Da kann man zur Sicherheit das Licht ruhig mal ein paar Stunden länger brennen lassen!
Am Boden stehende Licht-Paneele spenden blendfreies Licht, zum Beispiel in langen Einfahrten oder für stufenreiche Passagen, und erleuchten den Eingangsbereich neben der Haustür.
Der Strom-Pylon ist dekorative und praktische Behausung von drei Steckdosen.

Licht-Paneel: Halbsäule zur Wandmontage (45 cm oder 60 cm), für die Weg- und Treppenbeleuchtung.

Abb. unten: Strompylon für die dekorative Stromversorgung im Garten. Hier als Einzellösung mit 3 Steckdosen. Erhältlich auch als adaptives Modul zum Licht-Pylon.

Infos unter: Gart + Art GmbH
Grenzweg 12 • D-58097 Hagen
Tel.: +49 (0) 23 31/8 25 01• Fax 8 25 60
E-Mail: info@gart-art.de
www.gart-art.de

Zu beziehen über den beratenden Fachhandel, z.B.
Country Lifestyle • Schloss Eggeringhausen
Schulstr. 40 • D-59609 Anröchte
Tel.: +49 (0) 29 47/97 05-11 • Fax 97 05-15
E-Mail: info@country-lifestyle.de
www.country-lifestyle

Die wunderbare Welt des Teiches

Wasser ist Leben. Und so wie Menschen und Tiere ohne Wasser nicht existieren können, sind auch Gärten ohne Wasser undenkbar.

Dabei beschränkt sich der Einsatz nicht nur auf das Bewässern der Pflanzen, auch als Gestaltungselement erfreut sich Wasser seit jeher großer Beliebtheit. Ob Bachlauf, Springbrunnen, Wasserfall und nicht zuletzt der Gartenteich – Wasser macht jeden Garten zu einem individuellen Glanzstück.

Standort und Größe Ihres Teiches

Das A und O für einen gesunden Teich ist der richtige Standort. Planen Sie also vorher genau, wo Sie ihn anlegen wollen. Wählen Sie einen halbschattigen Platz, der nach Süden und Westen hin offen ist, mit einer Sonnenscheindauer von 4-6 Stunden. Die Nordseite des Gartens ist eher ungeeignet.

Einen „Architekturteich" können Sie in Haushöhe anlegen. Ein Biotop für Pflanzen und Tiere sollte dagegen an einer ruhigeren Stelle des Gartens platziert werden. Ein Platz unter Laubbäumen scheidet jedoch wegen Schattenbildung und Laubabfall aus.

Bei der Standortwahl sollten Sie auch Rücksicht auf Ihre Nachbarn nehmen (Geräuschkulisse von Fröschen, Plätschern, Kindersicherheit usw.)

Ebenso unerlässlich: Wasserzufuhr und -entsorgung. Die Zufuhr funktioniert mit Leitungs-, Regen- oder Brunnenwasser. Reines, steriles Leitungswasser ist für Fische nicht optimal. Durch entsprechende Zusätze können Sie es aber so „bearbeiten", dass es gute Lebensbedingungen bietet.

Regenwasser sollten Sie keinesfalls zur Erstbefüllung nehmen. Es ist extrem arm an Mineralien und bringt Verschmutzungen aus der Luft mit sich. Darum sollte es dem Teich nie direkt zugeführt, sondern ausschließlich zur Belüftung benutzt werden.

Brunnenwasser eignet sich genauso wenig zur Erstbefüllung. In der Regel ist es sehr sauerstoffarm und nimmt oft aus verschiedenen Bodenschichten Stoffe auf, die für die Teichbewohner unter Umständen schädlich sein können. Prüfen Sie darum vorher die Qualität.

Letztendlich sollten Sie auch Filter und Pumpen von Anfang an mit einplanen. Und um Pflanzen und Tieren einen optimalen Lebensraum zu bieten, ist die richtige Platzierung von Filter und Pumpen wichtig, damit diese effektiv arbeiten. Bei Beleuchtungssystemen sollten Sie schon vorher an Stromzufuhr, Kabel und Schalter denken.

Die Teichgröße

Die persönliche Vorstellung, die Grundstücksgröße oder der spätere Standort bestimmen Größe und Form des Teiches. In jedem Fall spielt die Teichgröße eine wichtige Rolle für das biologische Gleichgewicht im Teich.

Je größer der Teich ist, desto natürlicher wirkt er, und desto günstiger sind die Lebensbedingungen für Pflanzen und Tiere. Wenn Sie Fische halten wollen, muss der Teich eine Wassertiefe von mindestens 1 m haben, um ihnen z.B. auch im Winter einen optimalen Lebensraum zu bieten. Bei der Bestimmung von Teichgröße und Wassermenge kann Ihnen die unten stehende grobe Regel hilfreich sein.

Faustregel: pro Quadratmeter Wasseroberfläche möglichst über 400 l Wasserinhalt.

Richtwert für Teichgrößen

Oberfläche	Tiefe
3-5 m^2	60-80 cm
5-15 m^2	80-100 cm
über 15 m^2	100 cm und mehr

Überlegen Sie sich darüber hinaus, ob Sie einen Folienteich oder ein Teichbecken anlegen wollen. Teichbecken bieten den Vorteil, dass sie schnell und unkompliziert zu installieren sind. In der Regel verwendet man unter 4 m^2 ein Kunststoffbecken mit einer Mindesttiefe von 40 cm. Teichfolie hat den Vorzug, dass Sie mit ihr jede erdenkliche Teichform gestalten können. Wir empfehlen Ihnen dafür beispielsweise die OASE *Eurofol* Teichfolie.

Unser Tipp:

- Wählen Sie einen offenen und sonnigen Standort mit einer Sonnenscheindauer von 4 - 6 Stunden.
- Legen Sie den Teich nicht unter Laubbäumen an.
- Suchen Sie insbesondere für Biotope einen ruhigen Platz.
- Sichern Sie die Wasserzufuhr und Stromversorgung.
- Prüfen Sie die Lage des Teiches, z.B. in Hausnähe oder weiter hinten im Garten.
- Sollen Fische gehalten werden oder nicht?
- Entscheiden Sie sich zwischen Kunststoffbecken oder Folienteich.

So legen Sie Ihren Gartenteich an

Der Platz für Ihre Teichgrube ist ausgewählt und Sie haben alle Kriterien berücksichtigt, die Sie am besten vorher z.B. mit einem OASE-Fachhändler durchgesprochen haben. Denken Sie beim Ausheben der Grube an das Entfernen von Steinen, Wurzelwerk und ähnlichen spitzen Gegenständen, die die Teichfolie unter dem Gewicht des Wassers beschädigen könnten. Teichvlies als Unterlage für die Folie nivelliert Bodenunebenheiten bis zu einem gewissen Grade und schützt so die Folie zusätzlich.

Der Folienteich

Bestimmen Sie den Umriss des Teiches, z.B. mit einem Schlauch, einer Schnur oder Sand.

Legen Sie die verschiedenen Teichzonen fest: Sumpfzone bis 10 cm, Flachwasserzone 20-40 cm, Tiefwasserzone 60-150 cm.

Arbeiten Sie sich dann von außen zur Mitte hin vor und ziehen Sie um den Teich einen ca. 15 cm tiefen Graben, die so genannte Kapillarsperre. Die ist wichtig, damit sich das umliegende Erdreich nicht mit Teichwasser vollsaugt. Nach der Bepflanzung wird sie mit Kies aufgefüllt und überschüssige Folie abgeschnitten.

Graben Sie die Grube tiefer, als der Teich eigentlich werden soll, und entfernen Sie alle Steine und Wurzeln. Wichtig bei Fischteichen:
Ein ausreichend hohes Ufer (gegen Katzen), ein entsprechend tiefer Bodengrund und ein Bodenablauf (sprechen Sie darüber mit Ihrem Fachhändler). Legen Sie außerdem gesicherte Ausstiege an für den Fall, dass Tiere in den Teich fallen. Und berücksichtigen Sie Mulden für spätere Pflanzkörbe.

Füllen Sie die Grube mit 15 cm Sand auf und klopfen Sie diesen fest.

Ermitteln Sie den Folienbedarf, z.B. mit einem Schlauch, den Sie entsprechend abmessen. Rechnen Sie aber an jedem Rand ca. 50 cm dazu. Zur genauen Berechnung orientieren Sie sich an folgenden Formeln:

Formel:

Folienlänge = Teichlänge + 2 x Teichtiefe + 2 x 50 cm (Rand)

Folienbreite = Teichbreite + 2 x Teichtiefe + 2 x 50 cm (Rand)

Verlegen Sie die Spiralschläuche zur Wasserzufuhr und -entsorgung, damit diese später nicht zu sehen sind. Kleiden Sie die Grube mit OASE *Eurofol* Schutzvlies aus, drücken Sie dieses an und schneiden Sie Überschüssiges ab. Legen Sie dann die Teichfolie aus, wir empfehlen die OASE *Eurofol* oder *Alfafol*.

Schneiden Sie die Folie zurecht und verkleben Sie sie mit den PVC-Quellpasten von OASE. Für die naturgetreue Randgestaltung eignet sich hervorragend die OASE-Steinfolie.

Bedecken Sie den Grund mit Kies und Steinen und errichten Sie die letzten Podeste für die OASE-Pflanzkörbe. Anschließend füllen Sie die Tiefwasserzone mit Wasser. Dann können Sie mit dem Bepflanzen beginnen.

Tipp:

Die ausgehobene Erde eignet sich perfekt für die Gestaltung eines Bachlaufes.
Auch hierfür eignet sich bestens die OASE - Steinfolie.

Der Kunststoffteich

Fertig-Teichbecken aus Polyethylen (PE) oder glasfaserverstärktem Kunststoff (GfK) sind besonders haltbar und relativ leicht aufzustellen. Aber oft sind hier der Gestaltung Grenzen gesetzt, denn selbst große einteilige Modelle bieten meist weniger als 10 m² Wasseroberfläche und sind üblicherweise maximal 80 cm tief. Das ist besonders für eine Überwinterung von Fischen zu wenig. Größere, zusammensetzbare Fertigteiche sind hingegen oftmals recht sperrig und lassen sich in ihrer Form natürlich auch nicht nach eigenen Wünschen gestalten oder verändern. Trotzdem haben Sie aber durch entsprechende Zusatzmaterialien einigen Spielraum bei der Teichgestaltung.

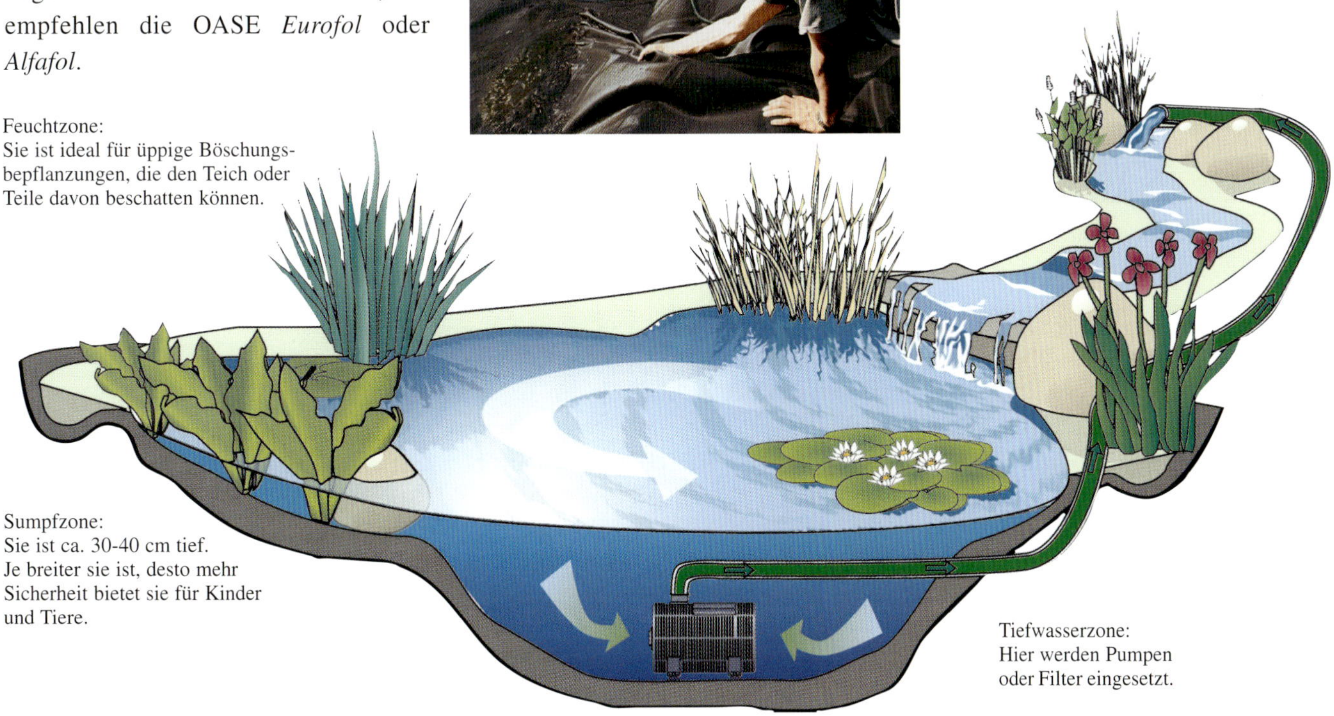

Alles im grünen Bereich bei der Teichbepflanzung

Ein wunderschön bepflanzter Gartenteich ist nicht nur eine Augenweide. Die Pflanzen sorgen auch für gutes Klima im Teich, versorgen ihn mit Sauerstoff und reduzieren den Nährstoffgehalt. Das vermindert unter anderem das Algenwachstum. Das Sortiment an Teichpflanzen ist sehr groß. Aber nicht alle Pflanzen eignen sich für jeden Teich.

Hahnenfuß

Schwertlilie

Schilf

Margerite

Seerose

Storchschnabel

Bei der Bepflanzung des Steilufers verwenden Sie Böschungstaschen. Setzen Sie die Pflanzen ein, fixieren Sie die Taschen mit großen Steinen am Uferrand und bedecken Sie sie mit Kies.

Auch die Pflanzen für die Flachwasserzone setzen Sie in Pflanzkörbe und platzieren diese im Teich.

Achtung: Seerosen vertragen kein Spritzwasser und sollten auch nur in störungsfreiem Wasser gepflanzt werden!

Tipp zum Platzieren der Pflanzkörbe: In tiefes Wasser setzen Sie die Körbe am besten zu zweit ein. Nehmen Sie dazu zwei lange Stricke oder Stangen und führen Sie diese zu beiden Seiten unter die Oberkanten der Körbe.

Name	Wassertiefe	Wuchshöhe
Sumpfzone (bis 10 cm)		
Blutweiderich	0 cm	100 cm
Sumpfvergissmeinicht	0 cm	30 cm
Pfennigkraut	10 cm	10 cm
Schlangenwurz	10 cm	10 cm
Wollgras	10 cm	30 cm
Zwergbinse	10 cm	30 cm
Flachwasserzone (20 – 40 cm)		
Hornkraut	20 cm	50 cm
Wasserpest	20 cm	50 cm
Hechtkraut	20 cm	60 cm
Sumpfdotterblume	20 cm	40 cm
Wasserschwertlilie	20 cm	80 cm
Froschlöffel	30 cm	60 cm
Pfeilkraut	30 cm	50 cm
Zungenhahnenfuß	30 cm	100 cm
Igelkolben	40 cm	150 cm
Rohrkolben	40 cm	250 cm
Tiefwasserzone (60 – 150 cm)		
Seekanne	60 cm	Schwimmblatt
Tannenwedel	60 cm	40 cm
Teichsimse	70 cm	150 cm
Seerose	80 cm	Schwimmblatt
Teichrose	120 cm	Schwimmblatt

Suchen Sie die Pflanzen entsprechend der Pflanzhöhen aus und achten Sie auf unterschiedliche Blühzeiten. Als kleine Hilfestellung bei Ihrer Pflanzenauswahl haben wir oben auf dieser Seite die beliebtesten Pflanzen zusammengestellt.

Um das biologische Gleichgewicht zu optimieren, sollten Sie pro Quadratmeter nicht mehr als 2 – 3 Pflanzen einsetzen. Bepflanzen Sie den Teich in gefülltem Zustand. Beginnen Sie als Erstes mit der Tiefwasserzone: Schlagen Sie den Wurzelballen der Pflanze mit nährstoffarmem Substrat in ein Pflanztuch ein, damit sich die Wurzeln nicht ausbreiten. Setzen Sie die Pflanze anschließend in einen Pflanzkorb und füllen Sie diesen mit Kies. Setzen Sie dann den Korb in den Teich (siehe Illustration).

Zur Begrünung der Sumpfzone schneiden Sie sich Böschungsmatten aus Kokos zurecht, legen sie in der seichten Teichzone aus und bepflanzen die Matten wie ein Blumenbeet. Beschweren Sie die Matten anschließend mit Steinen und Kies. Böschungsmatten eignen sich auch zur Verkleidung des Teichufers.

Bachlauf – der Natur abgeschaut

Ein Bachlauf ist die ideale Ergänzung zu Ihrem Gartenteich. Und selbst wenn in Ihrem Garten kein Platz für einen Teich ist, stellen Bachläufe eine Platz sparende und ausgesprochen reizvolle Alternative dar. Die leistungsfähige OASE-Technik und umfassendes Gestaltungszubehör machen Ihnen das Anlegen besonders leicht und sorgen im Handumdrehen für Bewegung in Ihrem Garten.

Mit OASE wird Teichgestaltung zum Kinderspiel. Sich an sprudelnden Wasserspeiern erfreuen. Hautnah das Element Wasser erleben. Oder an einem heißen Sommertag einfach mit den Füßen im Wasser planschen: Ein Spielteich, ausgestattet mit OASE-Technik, bietet nicht nur viel Freiraum für eine individuelle Teichgestaltung, sondern auch viel Spielraum für Kinder.

Mit insgesamt acht Bachlaufelementen sind einer individuellen und unbegrenzten Gestaltung keine Grenzen mehr gesetzt. Das Einzigartige an diesem von OASE entwickelten Bachlauf-System ist die Verbindungstechnik der einzelnen System-Komponenten: Absolut dicht, einfach zu installieren und problemlos wieder auseinander zu bauen. Die Übergänge bei den einzelnen Elementen haben alle das gleiche Maß, sodass jedes einzelne Teil beliebig mit einem anderen verbunden werden kann.

OASE-Bachlaufschalen zeichnen sich auch dadurch aus, dass sie sich sehr natürlich in die Umgebung einpassen lassen. Die in Handarbeit hergestellten Einzelmodule bestehen aus glasfaserverstärktem Kunststoff, die Oberfläche aus natürlichem Material. Jedes Modul ist ein Unikat, eine Einzelanfertigung, denn der Sandsteincharakter wird durch das Auftragen von echtem südafrikanischem Sand erreicht. Die Wasserzuführung vom Teich oder Wasserreservoir zur Quelle ist intelligent gelöst. Ein „Uferwulst" nimmt einen bis zu 1 1/2 Zoll großen Schlauch problemlos und unsichtbar auf. Das Quell-Element verfügt über die entsprechenden System-Anschlüsse.

Auch wenn der Wasserlauf nicht ständig in Bewegung ist, bleiben durch das besondere Design immer ca. 2 cm Wasser in den einzelnen Schalen stehen. Die in dem Filter-Bachlaufelement ange-

siedelten Mikro-Organismen können so dort auf jeden Fall weiterarbeiten und überleben.

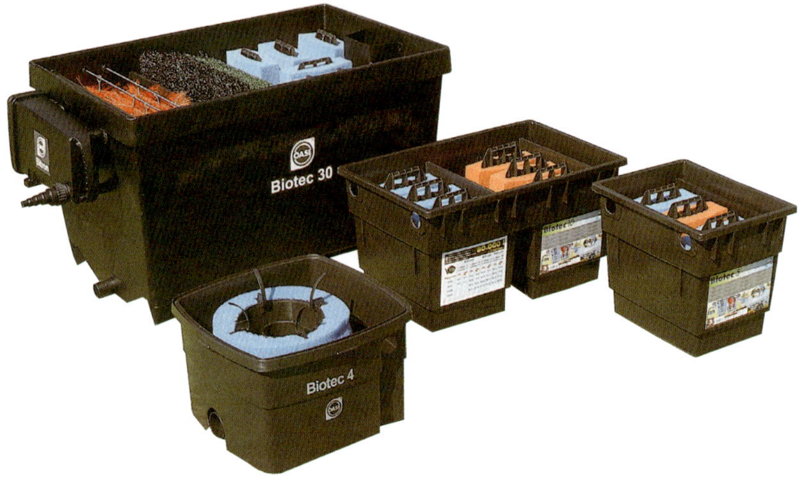

Klarwassergarantie mit neuen Filtern

Biotec ist ein wichtiger Baustein in dem System BIOsys von OASE. Hier handelt es sich generell um Durchlauf- und Mehrkammerfilter, die nicht nur mechanisch den Schmutz aus dem Teichwasser

herausfiltern, sondern vor allem biologisch durch das Ansiedeln von speziellen Mikroorganismen Schadstoffe abbauen. *Biotec* ist wissenschaftlich entwickelt und getestet worden und sichert bei richtiger Anwendung und im Dauereinsatz glasklares Wasser und biologisch einwandfreie Verhältnisse.

Biotec 4 heißt der kleinste Filter in dieser Produktserie. Hier handelt es sich um einen 4-Stufen-Filter. Das als Zubehör erhältliche UVC-Vorklärgerät *Bitron 9* wird einfach und ohne Zusatzteile innerhalb des Filters angeschlossen. Dieses Filtersystem klärt Teiche bis zu max. 8 m³.

Der Mehrkammerfilter *Biotec 30* verfügt über die neuartigen ostasiatischen Hydromatten, Bürsten für den Grobschmutz und die bewährten OASE-Filterschwammeinsätze. Das zum Patent angemeldete Schlammentsorgungssystem sorgt für schnelle und problemlose Reinigung dieses Filters und sichert bei richtiger Anwendung den Fortbestand der reinigenden Mikroorganismen.

Mit *Biotec 5* und *Biotec 10* setzen sich mittlerweile die Klassiker für saubere und klare Teiche durch. Nach fast 3-jähriger wissenschaftlicher und technischer Entwicklungsphase kamen diese Filter auf den Markt, und kaum jemand glaubte an die sensationelle Wirkung dieser Reinigungsmaschinen. Tausende von begeisterten Teichbesitzern schauen nun dank Biotec und dem System BIOsys in glasklares Wasser!

Die Filter bestehen aus UV-beständigem Kunststoff. Ein Schmutzgradanzeiger und ein Temperaturmesser sind im Deckel integriert. Durch das Mehrkammersystem ist eine einfache Reinigung gewährleistet, die jedoch nicht mehr notwendig ist, wenn der Filter richtig eingefahren wurde. Die Mikroorganismen sorgen dann für die Selbstreinigung des Filtermaterials. *Biotec 30* ist eine Neuentwicklung für große Teiche und Teiche speziell mit Koibesatz. Mit *Biotec 30*, dem integrierten Bodenablauf, der Möglichkeit der Feststoffentfernung und dem biologischen Abbau von überschüssigen Nährstoffen in großem Maße ist OASE wieder einmal ein technischer Vorsprung gelungen.

Dieser Mehrkammerfilter verfügt neben der Bürstenkammer über ein neuartiges Geflecht in Mattenform mit unterschiedlicher Dichte. Das beschleunigt die Filtrierung der groben Schmutzpartikel und erleichtert den Mikroorganismen, im hinteren Teil des Filters ihre Arbeit sauber und sorgfältig zu erledigen. *Biotec 30* ist geeignet für Teiche bis zu 134.000 Litern. Die Verbindung mit dem Vorklärgerät *Bitron 15* bis *72* und der Pumpenserie *Aquamax* ist ohne weitere Zusatzteile gewährleistet.

Für noch größere Teiche bis 160.000 Liter und für anspruchsvolle Koiteiche bieten sich die neuen OASE-Durchlauffilter *Biotec 18* und *Biotec 36* an. Sie verfügen über ein neuartiges Screenex-System, das dem einlaufenden Teichwasser sofort den Grobschmutz bis 0,2 mm Korngröße entzieht.

Starker Algenwuchs und hoher Fischbesatz können zu extremem Sauerstoffmangel führen – die Folge ist ein trüber Teich.

Filtoclear sind Druckfilter von OASE für Teiche bis 11.000 Liter Wasserinhalt. Diese Druckfilter können bis zum Deckel in den Boden eingegraben werden.

Das OASE-Biosys 3-Filtersystem

Die untenstehende Grafik zeigt, wie das einzigartige Filtersystem das Gartenteichklima reguliert.

Auf biologisch-natürliche Weise wird zunächst Ammoniak, der durch die Fischexkremente, Laubeinfall und Überdüngung des Wassers entsteht, in Nitrit umgewandelt. Nitrit ist zwar immer noch schädlich für Lebewesen, wird aber in

der roten Zone des Biotec-Systems zu unschädlichem Nitrat umgewandelt. Nitrat dient übrigens den Pflanzen als gesunder Aufbau-Nährstoff. Einzigartig an dem *Biotec*-Filtersystem ist die einfache Handhabung und die Reinigung. Der automatische Verschmutzungsgradanzeiger zeigt an, dass ausgefilterte Biomasse dem Filter entzogen werden muss. Nun hebt man einfach den inneren Schmutztank an den Tragegriffen komplett heraus, spült den Tank mit klarem Wasser einmal kurz durch und setzt ihn wieder ein. Die aus dem Tank entfernte, für den Teich unerwünschte Biomasse ist übrigens ein hervorragender Kompost-Dünger.

Für ein Teichfiltersystem einmalig sind auch die Temperaturanzeige und die Biotec-Plus-Zone zur Aufnahme von wirkungsvollen Additiven.

Ein Tipp: Es ist nicht ratsam, den Tank und die Biopatronen zu gründlich zu reinigen, um zu gewährleisten, dass noch genügend Bakterien verbleiben, um sofort den Abbau von Nährstoffen fortsetzen zu können.

Die Wirkung des *Biotec*-Filtersystems lässt sich übrigens durch Parallelschaltung mehrerer Tanks in der Wirkungsweise vervielfältigen.

Für die *Biotec*-Filtersysteme stehen fünf verschieden starke *Bitron*-UVC-Vorschaltgeräte zur Verfügung. Durch das Bestrahlen mit UVC-Licht werden kleinste Algen (Zellalgen) verklumpt, sodass sie im *Biotec*-Filter zurückgehalten und verarbeitet werden.

Permanent-Magneten verhindern, dass sich Kalkkristalle bilden.

Natürliche Lösung des Problems:

eine Dezimierung des Nährstoffangebotes durch biologische Umwandlung sowie der Abtransport der überschüssigen Nährstoffe bei gleichzeitiger Anreicherung mit Sauerstoff.

Unser Hinweis:

OASE gibt auf das Filtersystem *Biotec* in Verbindung mit *Bitron* und entsprechenden Additiven bei richtiger Anwendung eine 3-jährige Funktionsgarantie.

Die *Biotec*-Plus-Zone nimmt biologische Additive wie *Biokick* 1 Filterstarter auf, die die Filterwirkung unterstützen bzw. intensivieren.

Vielfalt mit System – Düsenaufsätze, Pumpen in unterschiedlichen Stärken, Filtersysteme und weiteres Zubehör ermöglichen jede gewünschte Gestaltung von Wasserspielen.

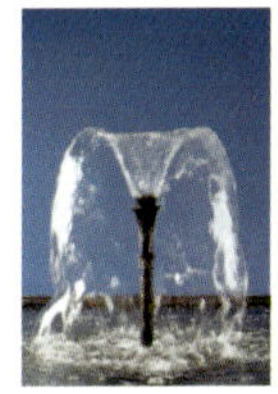
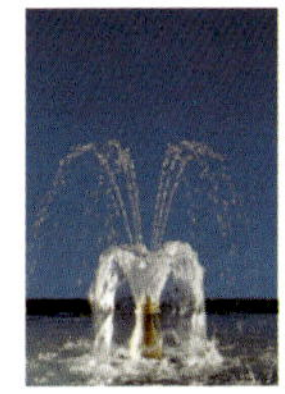

Wenn der Gartenteich geplant oder auch schon realisiert ist, ergibt sich schnell die Frage, welche Pumpe den Gestaltungswünschen entgegenkommt bzw. am besten geeignet ist. Leider ist häufig zu beobachten, dass Pumpen, die aufgrund ihrer Lagertechnik und des Motorsystems nicht als Dauerläufer geeignet sind, wie z.B. Keller-Entwässerungspumpen und ähnliche Tauchpumpen, in Gartenteichen eingesetzt werden. Diese Pumpen verbrauchen im Verhältnis zu ihrer Förderleistung sehr viel Strom, und ihre Lebenszeit ist im Vergleich zu Teichpumpen sehr gering. Wer hier sparen möchte, spart am falschen Ende. Teichpumpen von OASE haben den Anspruch, mindestens 30.000 Stunden im Dauerbetrieb Wasser zu fördern, und das – der Umwelt und dem Geldbeutel zuliebe – mit einem möglichst geringen Stromverbrauch. Das Angebot an OASE-Teichpumpen umfasst ein weites Leistungsspektrum, das bei Springbrunnenpumpen z.B. Wassersäulenhöhen von 0,7 m bis zu 12 m umfasst. Die lange Lebensdauer der Pumpen und die grundsätzlich gewährte 3-jährige Garantie sprechen für die Qualität dieser Produkte. Mit einem besonders vielseitigen Angebot an Fontänenaufsätzen bietet das OASE-Programm die Möglichkeit, die verschiedensten Wasserspiele und Springbrunnen zu realisieren. Kelche, Kegel, Wasserglocken, Schaumsprudler, Rotationsdüsen, Pirouetten oder Kaskaden, um nur einige zu nennen, sind Eye-Catcher, die Ihren Gartenteich zum attraktiven Gestaltungselement machen. Bei der Planung sollte allerdings darauf geachtet werden, dass der Teichdurchmesser größer als die beabsichtigte Fontänenhöhe ist, um Spritzwasser am und über den Teichrand hinaus zu vermeiden. Verschiedene Unterwasserleuchten und Scheinwerfer steigern die Attraktivität des Wasserspiels noch. Beim Einsatz von Pumpen aus der Nautilus-Serie von OASE kann die Fontänenhöhe über einen Drehzahlsteller bequem ferngesteuert reguliert werden. Bei starkem Seitenwind kann so der Springbrunnen etwas „heruntergefahren“ werden, um die unfreiwillige Gartenbewässerung zu vermeiden.

Nautilus 6000 mit einer max. Wassersäulenhöhe von 5,1 m

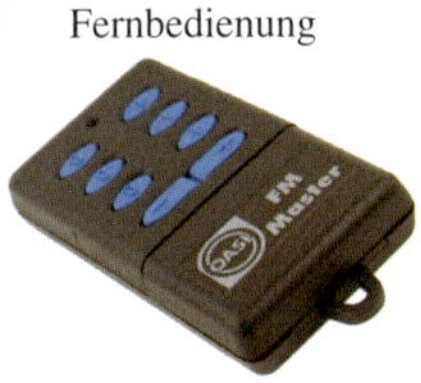

Fernbedienung

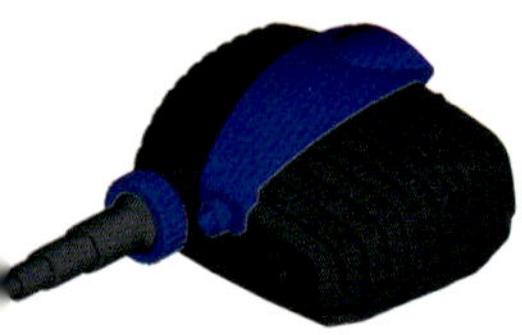

Neue Atlantis-Serie mit max. 5,5 m Wassersäulenhöhe für Bachlauf und Wasserfall

InScenio, die neue Systemsteuerung für Teich, Garten und Haus. Steuerung mit Fernbedienung, Timer und Handy möglich!

Welche Pflege braucht Ihr Teich?

Mit dem Teich ist es genauso wie mit Ihrem Auto – erst die richtige Pflege garantiert Ihnen lange Freude.
OASE bietet innovative Produkte, die sich durch hervorragende Qualität, einfache Handhabung, geprüfte Sicherheit und eine 3-Jahres-Garantie auszeichnen.

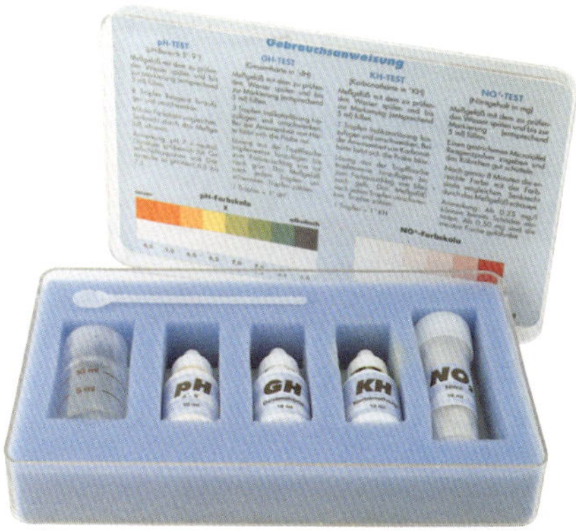

Der Teichwasser-Test

Mit diesem benutzerfreundlichen Set können Sie schnell die wichtigsten Werte selbst ermitteln: ph-Wert, Gesamthärte, Karbonhärte und Nitritgehalt. Ihr Wasser können Sie auch bei Ihrem OASE-Fachhändler mit einem Analysegerät testen lassen. Zeigt der Test, dass Ihr Wasser Unterstützung der Qualität benötigt, so steht ein abgerundetes Programm *OASE aqua activ* zur Verfügung.

Diese hochwirksamen, bewährten Produkte gibt es zur Unterstützung, Vorbeugung und Stabilisierung – vom Algenvernichter bis zum Algenhemmer.

Sauerstoff-Stabilisierer

Wirkt vom Boden aus und verhindert so die für Lebewesen gefährliche Faulgasbildung. Unterstützt die biologische Selbstreinigungskraft des Wassers. Reduziert Algen- und Schleimbildung und neutralisiert giftige Abfallprodukte. Erste Hilfe bei Sauerstoffmangel.

Kristallklar-Sofortklärer:

Klärt grünes, trübes Teichwasser (speziell bei Algenblüte). Umweltfreundlich und absolut unschädlich für Pflanzen und Tiere. Wirkt gegen feine, nicht filtrierbare Verunreinigungen sowie Phosphate und Schwermetallverbindungen.
Entstehenden Flockenbrei einfach mittels Kescher abschöpfen. Optimale Ergänzung: KH Plus zur Erhöhung des Karbonatgehaltes und zur Stabilisierung des pH-Wertes.

Schlamm raus, ohne Wasser abzulassen!

Dieser Schlammsauger ist ein geniales Produkt von OASE

Pondovac ist ein Schlammsauger, der mühelos bis zu 10 mm große Schmutzpartikel, Algen, Schlamm, abgestorbene Pflanzen und Laubreste ansaugt und aus Ihrem Gartenteich entfernt.

So einfach lässt sich mit Pondovac der Schlamm absaugen

Infos unter:
OASE GmbH & Co.KG
Tecklenburger Str. 161 • D-48477 Hörstel
Tel. 08 00/6 27 37 58
E-Mail: Info@oase-pumpen.com
www.oase-pumpen.com

Baden im eigenen Schwimmteich

Planschen, schwimmen, Natur genießen – und das alles direkt von der eigenen Terrasse aus. „Unmöglich“, denkt man. „Viel zu teuer, zu aufwendig und auf einem kleinen Grundstück nicht zu realisieren.“ Das war einmal! Denn mit dem „TeichMeister“-Prinzip lässt sich der Badespaß für die ganze Familie auch in kleineren Gärten effektiv und kostengünstig verwirklichen.

Ausgereifte Technik, die von hoch qualifizierten Garten- und Landschaftsgestaltern, den „TeichMeistern“, in individuell geplanten und gestalteten Schwimmteichen eingesetzt wird, lassen Naturpool-Träume wahr werden. Glasklares Wasser ohne Chemie und Chlor, üppige Pflanzenpracht vom Frühjahr bis zum Herbst bieten ein ganz neues Lebensgefühl. Und das Schönste dabei: Bereits ab 40 m² kann ein solcher Schwimmteich mit einer 8 x 4 Meter großen Badezone realisiert werden. Wobei „nach oben“ natürlich keine Grenzen gesetzt sind.

Voraussetzung für einen solch natürlichen „Pool“ ist die Beratung, Planung und Ausführung durch einen ausgewiesenen Fachmann, den „TeichMeister“. Gemeinsam mit dem Gartenbesitzer gestaltet er einen naturnahen Wassergarten, der alle Wünsche hinsichtlich Größe, Form und Bepflanzung berücksichtigt. Er zeigt auch gerne bereits realisierte Schwimmteiche nach dem „TeichMeister“-Prinzip, damit man sich persönlich von seinem Können und der überragenden Wasserqualität überzeugen kann. Und wer dann einige Monate später von der Terrasse aus in ein kleines Naturparadies blickt, wird sicher sein, mit einem Schwimmteich die richtige Entscheidung getroffen zu haben.

Infos unter: Held GmbH
Postfach • D-75056 Gemmingen
Tel. +49 (0) 72 67/9 12 60 • Fax 6 06
E-Mail: info@teichsysteme.de
www.teichmeister.de.

Neue Lebensräume für Amphibien

Immer mehr Menschen werden sich heute ihrer Mitverantwortung für die natürliche Umwelt bewusst. Sie wollen aktiv etwas zu ihrer Erhaltung beitragen. Eine ganz konkrete Möglichkeit: Legen Sie ein naturnahes kleines Gewässer an!

Das kostet wenig und ist an vielen Stellen ohne Probleme durchführbar. Innerhalb von zwei, drei Jahren wird sich Ihr neu angelegter Teich in eine „ökologische Insel" verwandelt haben - mit einer reizvoll vielfältigen Vegetation, ein Anziehungspunkt für Vögel und Insekten, eine Zuflucht für Amphibien. Die Faszination, die von diesen kleinen Paradiesen ausgeht, ist ein besonderes Erlebnis. Es wird nicht nur selten gewordener Lebensraum geschaffen, sondern es kann auch ein Platz zum Beobachten, zum Erkennen von Arten und zum ökologischen Denken entstehen.

Infos unter: re-natur GmbH
Charles-Roß-Weg 24 • D-24601 Ruhwinkel
Tel. +49 (0) 4323/9010-0 • Fax 9010-33
E-Mail: info@re-natur.de
www.re-natur.de

Gartenmöbel richtig auswählen

Gartenmöbel werden aus den unterschiedlichsten Materialien hergestellt wie: Kunststoff, Metall (Aluminium, Gußeisen, Stahlrohr usw.) Rattan und Holz. Jedes Material hat seinen Vorteil und Preis.

Kunststoff-Möbel (auch aus recycelten Kunststoffen) sind bei hochwertigen Gartenmöbelprogrammen so konzipiert, dass sie wetterfest, UV-beständig, pflegeleicht, formstabil, farbecht, stoß- und abriebfest sind. An diesen Faktoren sollte die Qualität von Gartenmöbeln auch gemessen werden. Rattan und Aluminium ist leicht und zugleich stabil, damit ist dies ebenfalls ein gut geeignetes Material für Gartenmöbel. Eisen und Stahl müssen aber Flächenbehandelt sein, um wetterfest zu sein und Holz muss ebenfalls entsprechend geschätzt sein. Eine Ausnahme bildet das Teakholz, das von Natur aus wetterbeständig ist und keinerlei Oberflächenbehandlung bedarf - aber auch hier gibt es Qualitätsunterschiede.

Abb. rechts: Im Garten zusammenkommen, an einen Tisch sitzen, zuhören, reden und sich kulinarisch etwas verwöhnen. Das Sommerdach Villa Romana wirft einen weichen Schatten. Was Freunde an diesem Ort zusammenbringt? Die Sitzgruppe Braintree mit quadratischem Tisch, alles aus witterungsbeständigem Plantagenteak. Abb.: Garpa

Abb. links: „Fontenay“ in Form, Funktion und Sitzkomfort ein perfektionierter Klassiker. Hersteller: Garpa

Das Garten-Möbelprogramm aus fein verzinkten Eisenteilen und Hartholz. Die klassische Form und ein hoher Qualitätsanspruch sind exzellent vereint. Hersteller: Haidermetall

Ein hochwertiges Gartenmöbelprogramm zeichnet sich zudem aus, dass

- es variabel ist und sinnvolle Bausteine beinhaltet wie Grillwagen, Servierwagen, Sonnenschirme etc..
- Liegen und Tische stabil, leicht verstellbar, aber gut arretierbar sind (und

Die elegant geschwungene Gartenbank ist eine Kombination aus Edelstahl und Holz. Hersteller: bima

natürlich die Funktionstüchtigkeit auf Dauer erhalten bleibt,

- Schrauben und andere Metallteile sind verzinkt bzw. aus Messing und rosten nicht. Dübel bei Holzmöbel sind aus unverrottbaren Holz oder Kunststoff.

Diese handwerklich hervorragend verarbeiteten Korb-/Kunststoffmöbel bestechen durch Ihre klassische Schönheit. Hersteller: Kettler

- die Bezüge abnehmbar und die Polster abwaschbar sind sowie ihre Polsterungseigenschaften auch dauerhaft beibehalten; die Bezüge und Polsterfüllungen atmungsaktiv und lichtecht sind.
- Kunststoff durchgefärbt ist, damit Schrammen nicht so leicht sichtbar sind.

Wenn Gartenmöbel öfter transportiert werden müssen, sollte man auch auf das Gewicht achten. Ein weiterer Vorteil ist es für manchen Gartenbesitzern, wenn sich Gartenstühle stapeln/klappen und Tische bzw. Bänke zusammenklappen lassen. Dies ist jedoch nicht unbedingt ein Qualitätsfaktor, sondern eine Zusatzfunktion, um Platz zu sparen.

Klassische Form - Holz mit Tradition. Esstisch „St. Raphael“, rund, verlängerbar mit Einlegeplatte (59 cm) auf 164 cm. Sessel „Monte Carlo“. Hersteller: Rausch

Der besonders elegante und leichte Gartenschirm „Swing“ von Glatz lässt sich spielen leicht öffnen und schliessen, an den passenden Ort bringen, aufstellen und auch wieder wegräumen. Hersteller: Glatz

Infos unter:

Garpa Garten & Park Einrichtungen GmbH
Kiehnwiese 1 • D-21039 Escheburg b. Hamburg
Tel.: +49 (0)41 52/92 52 00 • Fax: 92 52 50
www.garpa.de

MWH-Metallwerk Helmstadt GmbH
Flinsbacher Straße 1 • D-74921 Helmstadt
Tel.: +49 (0)72 63/91 40-0 • Fax 91 40-59
www.mwh-gartenmoebel.de

Heinz Kettler GmbH & Co. KG
Postfach 10 20 • D-59463 Ense-Parsit
Tel. +49 (0) 29 38/8 10 • Fax 20 22
www.kettler.de

Glatz AG · Garten und Grossschirme
Neuhofstr. 12 • CH-8503 Frauenfeld/Schweiz
Tel. +49 (0) 52/7 23 66 11 • Fax 7 23 66 99
E-Mail: info@glatz.ch
www.glatz.ch

Haidermetall
Dechantseeser Straße 4 • D-95704 Pullenreuth
www.haider.de

bima Industrie + Service GmbH
Floßwörthstraße 39 • D-68199 Mannheim
Tel. +49 (0) 621/84505-190 • Fax 84505-907
E-Mail: info@bima.de • www.bima.de

Rausch Classics GmbH
An der Tagweide 14, D-76139 Karlsruhe
Tel +49 (0) 7 21/96 16 90 • Fax 9 61 69 69
E-Mail: info@rausch-classics.de
www.rausch-classics.de

Abb.rechts: Ein Festtag unter der Laube: Landhaustisch aus Wildkirsche mit Klappstühlen aus Holz und Metall. erhältlich in Längen von 140 bis 795 cm. Hersteller: Grange

Sonnenpartner
Garten-Strandkörbe für die Freizeit und den Urlaub zu Hause

Schon lange bevor Sie die normalen Gartenmöbel richtig nutzen können, bietet der SonnenPartner-Strandkorb die Möglichkeit, die ersten wärmenden Sonnenstrahlen windgeschützt einzufangen. Im Sommer können Sie dann je nach Lust und Laune Sonne oder Schatten genießen. Selbst an weniger schönen Tagen ist es herrlich, in frischer Luft, vor der Witterung geschützt, zu entspannen.

Bis weit in den Herbst hinein bietet so der SonnenPartner-Garten-Strandkorb eine Oase der Ruhe und Behaglichkeit. Sie können wählen unter einer Vielzahl von Modellen und unter verschiedenen Materialien.
Ob Rohrgeflechte, Weidengeflechte oder Kunststoffgeflechte, Dralonstoffe oder Polsterstoffe, Edelhölzer oder Fichtenhölzer – Sie bestimmen, wie Ihr Wunschmodell aussehen soll.

Ausführliche Unterlagen erhalten Sie kostenlos beim Hersteller. Die Lieferung erfolgt bundesweit direkt vom Hersteller oder über einen Vertragshändler in Ihrer Nähe.

Gratiskatalog und Infos unter:
„Die Schatztruhe" Abtlg. Garten und Freizeit
Detmolder Str. 627 • 33699 Bielefeld
Tel. +49 (0) 5 21/92 60 60 • Fax 9 26 06 36
e-mail: info@sonnenpartner.de
www.sonnenpartner.de

Garten-Möbel in ihrer schönsten Form

Willkommen bei Sonnenpartner. Teakholz-Gartenmöbel haben eine sehr lange Traditon. Angelehnt an historische Vorbilder wird den Teak-Gartenmöbeln ein hohes Maß an Funktionalität und Komfort gegeben.

Qualität war und ist seit jeher der Anspruch, damit auch Sie viele Jahre Freude an Ihren SonnenPartner® Teakholzmöbeln haben. Egal für welche Serie Sie sich auch entscheiden, Preis und Qualität stehen immer im richtigen Verhältnis.

Gratiskatalog und Infos unter:
„Die Schatztruhe“ Abtlg. Garten und Freizeit
Detmolder Str. 627 • 33699 Bielefeld
Tel. +49 (0) 5 21/92 60 60 • Fax 9 26 06 36
e-mail: info@sonnenpartner.de
www.sonnenpartner.de

Gartenmöbel First Class

Aus der Begegnung zwischen Kurt Schütz, Inhaber des Flechtateliers Schütz, dem Möbelhersteller Ismail Chamdani und dem deutschen Designer Michael Steffenhagen entstand die Idee für eine außergewöhnliche, exklusive Gartenmöbel-Kollektion, die Kollektion Schütz Outdoor.

Essen unter freiem Himmel.
Was gibt es Schöneres, als im Sommer im Garten zu dinieren? Auf Komfort muss nicht verzichtet werden, die hochwertigen Stühle laden zum Verweilen ein!

Die Kollektion besteht aus robustem, witterungsbeständigem Material. Die hochwertige Kunststofffaser ist besonders angenehm auf der Haut, so dass auf hohen Sitzkomfort nicht verzichtet werden muss. Alle Modelle harmonieren aufgrund des blauen Farbtons Velvet mit dem Grün Ihres Gartens.

Ein Zimmer im Freien!
Dieses Ensemble lädt zum Entspannen ein. In den bequemen Armlehnsesseln und dem großzügigen Zweisitzer lässt es sich mit Freunden bis spät in laue Nächte reden, feiern, lachen. Sie werden sich fühlen, als hätten Sie ein neues Zimmer im Garten.

Richten Sie Ihren Garten neu ein

Das Flechtatelier Schütz ist Spezialist für Flechtmöbel in Europa. Der Name Schütz ist Möbelkennern ein Begriff, denn er steht für erstklassige Qualität, hochwertige Verarbeitung und ansprechendes Design. Zahlreiche Gütesiegel und Auszeichnungen bestätigen dies.
Die neue Gartenmöbel-Kollektion besticht durch zeitlos schönes Design und hochwertige Qualität. Ein stilvoll eingerichteter Garten ist wie tausend kleine Streicheleinheiten für Ihre Seele.
Schaffen Sie sich eine Wohlfühlatmosphäre ... zum Abschalten und Träumen.

Die Möbelstücke werden aus pulverbeschichtetem Aluminium und der hochwertigen Kunststofffaser gefertigt. Dieses Material ist extrem wetterbeständig, so können die Möbel auch dauerhaft bei jeder Witterung im Freien gelagert werden.

Die Möbel bieten Komfort für jeden Bereich:

- Essen und Trinken
- Wohnlicher Aufenthalt im Freien
- Relaxen und Entspannen

Infos unter: Schütz Flechtatelier
Bürgermeister-Prell-Str. 18 • D-96215 Lichtenfels
Tel. +49 (0) 95 71/76 90 • Fax 7 69 30
E-Mail: info@schuetz-flechtatelier.de
www.schuetz-flechtatelier.de
www.schuetz-outdoor.com

Charmante Gartenmöbel mit höchstem Qualitätsstandard

So, wie die Dynamik der Natur sich im ewigen Wechsel der Jahreszeiten offenbart, so widerspiegeln die Möbel der Anton Damen bv die Kraft fachmännischen Könnens.
Allerbestes niederländisches Fabrikat in einer soliden Verknüpfung mit verfeinertem Design und purer Qualität mit den Stichwörtern: Niveau, Stil, Format.
Das Resultat: Sehr viele Jahre reichlicher Genuss hervorragender Gartenmöbel.

Eine komplette Möbelserie, bis ins kleinste Teil aus natürlichen Materialien hergestellt. Das verzinkte Metall mit der speziellen Pulverbeschichtung, die Scharnierteile aus Edelstahl und die zusätzlichen (winter)festen Lackschichten auf dem Holz sorgen für unübertroffene Haltbarkeit.

Sonderwünsche in Bezug auf Abmessungen und Farben können zu einem Mehrpreis erfüllt werden.
Eine Serie zierliche Tische und Stühle für innen und außen. Entworfen im neunzehnten Jahrhundert mit einem Hauch von Art déco. Realisiert im einundzwanzigsten Jahrhundert mit der neuesten Technik. Bequem im Gebrauch und der Anblick ein Genuss.
Sonderwünsche in Bezug auf Abmessungen und Farben können zu einem Mehrpreis erfüllt werden

Infos unter: Anton Damen
Bevrijdingsweg 1 • NL-5171 PSKaatsheuvel
Tel. +31 (0) 4 16/54 00 80 • Fax 54 00 81
E-Mail: info@antondamen.nl
www.antondamen.nl

Der richtige Sonnenschutz

Es gibt eine enorme Vielfalt im Bereich des Sonnenschutzes. Das Angebot ist erheblich größer und differenzierter geworden. Wir zeigen Ihnen von einem namhaften Hersteller die unterschiedlichsten Möglichkeiten.

Für diese heiteren Dächer gibt's keine Maßprobleme. Breiten bis 6,50 m in einem Stück und Ausladungen bis 4,0 m sind möglich.

Die lustigen Korbmarkisen stehen auch Ihrem Haus sicher gut zu Gesicht und prägen den individuellen Eindruck der Fassade.

Raffstores setzen an jeder Fassade dezente, aber prägende Akzente.

Abb. links: Bis zu 4 Meter lässt sich Ihre Terrasse mit den neuen Gelenkarm-Markisen von MHZ überdachen. Dabei lässt sich der Neigungswinkel der Markise zwischen 5 und 30° über eine spindelbetriebene Verstellvorrichtung einfach und genau einstellen. Ihre Terrasse wird damit zu einer lauschigen, schattigen Laube.

Infos unter: MHZ Hachtel GmbH & Co.
Postfach 80 05 20 • D-70505 Stuttgart
Tel. +49 (0) 7 11/97 51-0 • Fax 97 51-1 50
E-Mail: marketing@mhz.de • www.mhz.de

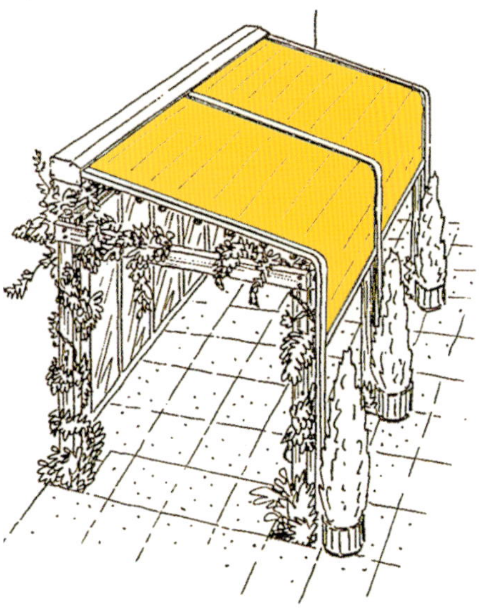

Die Wintergarten-Markisen machen einen schönen Raum noch attraktiver.

Fallarm-Markisen passen sich jeder Architektur an, gehen aber beim Sonnenschutz keine Kompromisse ein.

Lieblingsplatz in den Schatten stellen

Gartenschirme schützen, schaffen Atmosphäre, lassen stilvolles Ambiente entstehen und können auch Aufmerksamkeit erregen.

Ob ein einfacher „Basic-Schirm“ oder exklusiver Rechteck-Schirm - eine große Auswahl steht zur Verfügung.

Schon die Marktfrauen des 19. Jahrhunderts wussten den Wert solider Schirme zu schätzen. Die „Schirmherrschaft“ von Weishäupl ist fast grenzenlos, und nicht umsonst findet man sie auf der ganzen Welt: auf Märkten, Golfanlagen, Messen, in klassischen Straßencafés, gemütlichen Biergärten oder bei Freunden, die damit im Garten

Es besteht auch die Möglichkeit, den Schirm mit bodenlangen Seitenwänden zu bestücken, sodass geschlossene Pavillons entstehen können.

Seine grazile Optik erinnert an den Charme fernöstlicher Lebensart.

einen ebenso nützlichen wie stimmungsvollen Akzent gesetzt haben. Der besondere Charme der Weishäupl-Schirme ist auch Ihnen bestimmt schon oft begegnet.

Beste Materialien

Jeder Schirm wird in gleichbleibender Qualität angefertigt, damit eine überdurchschnittlich lange Lebensdauer Ihres „Weishäupl“ gewährleistet ist. Es werden nur beste Materialien verwendet. Zusammen mit solider handwerklicher Arbeit wird auf diese Weise höchste Qualität garantiert.

Das Segeltuch der Bespannungen besteht aus verstärktem Baumwollmischgewebe (50% Polyester, 50% Baumwolle) oder aus DOLAN“65 (100% Acrylgewebe).

Der Halbschirm ist ideal für Terrassen und Balkone, die mit klassischen Schirmen nicht überdacht werden können.

Infos unter:
Weishäupl Möbelwerkstätten GmbH
Neumühlweg 9 • D-83071 Stephanskirchen
Tel. +49 (0) 8036/9068-0 • Fax 1256
E-Mail: info@weishaeupl.de
www.weishaeupl.de

Schutz vor Lärm, Wind und fremden Blicken

Richtig zu nutzen ist ein Garten nur, wenn man sich ungestört darin bewegen kann. Bei Gärten, die vor dem Haus an der Straße liegen, ist das besonders schwierig, umso mehr, je kleiner sie sind.

Bei dicht besiedelten Grundstücken ist es nicht erlaubt, Mauern zu errichten, die hoch und breit genug sind, um Schutz zu gewähren. Dass es dennoch wirksame Methoden der Abschirmung für die Gärten in eng bebauten Siedlungen gibt, sehen Sie hier.

Der hier vorgestellte Garten liegt in einer Einfamilienhaus-Siedlung am Rande Münchens. Zu bestimmten, vom Arbeitsrhythmus der Anwohner diktierten Zeiten lässt Motorengebrumm die Luft über dem Gelände vibrieren, dringt Auspuffqualm bis in die Häuser. Das schränkt die Nutzung des Gartens erheblich ein.

So folgte der Besitzer dem Rat seines Gartenarchitekten und ließ den eigenen Grund verschieben, vor allem zur Straßenseite hin. Nun sollte durch diese Maßnahme das kleine Grundstück doch nicht geschmälert werden, und deshalb wurde das aufgeschobene Erdreich von Holzpalisaden-Wänden aufgefangen, die in schwungvoller Linienführung einmal dichter beieinander, einmal weiter auseinander stehen. Dadurch konnte eine Nische herausmodelliert werden, die, mit einem Pergoladach versehen, von der wuchsfreudigen Clematis montana überrankt, zum luftigen Schattensitz des Gartens wurde.

Insgesamt brachte den Besitzern die Geländemodellierung die Abgeschiedenheit und Ruhe, die man in einem Privatgarten erwarten darf. Von der Straße her sieht der dicht mit Cotoneaster, rankenden Rosen und Clematis sowie einigen Ziergehölzen bewachsene Erdwall wie eine Wildhecke aus.

An der Straße bietet sich eine Lösung der Abschirmung, wie wir sie im Bild vorgestellt haben, sicherlich eher an als gegenüber einem dicht aufsitzenden Nachbarn: Hier wie dort muss man sowieso bei den zuständigen Garten-, Stadt- oder Kreisbauämtern oder beim Amtsgericht erkunden, welche Vorschriften für die Gestaltung der Grundstücksgrenze zu beachten sind. Und, abgesehen von den gesetzlichen Regelungen, es sollte für jeden Gartenbesitzer selbstverständlich sein, dass er im Grenzbereich nichts aufbaut oder anpflanzt, was dem Nachbarn ein Ärgernis sein kann.

Vom Haus gegenüber kann man auf die hoch gelegene Terrasse unseres Demon-

strationsgartens sehen, nicht aber von der dazwischen liegenden Straße. Von dort aus blickt man auf einen grünenden, blühenden Wall, den Rosen, Cotoneaster und die Waldrebe (Clematis montana) bilden.

Die gesamte Breite des Gartens ist aus diesem Blickwinkel zu übersehen, gut auch die volle Abschirmung, links das den grünen Wall tragende Hochbeet, im Hintergrund die hohe Weißbuchenhecke vor der Querstraße. In einem so auch vor Auspuffqualm geschützten Gartenraum kann man durchaus Erdbeeren und Kräuter für die Küche ziehen, wie man in dem holzgefassten Beet im Vordergrund sieht.

Abb. rechts: Attraktiver und farbenprächtiger kann ein Sichtschutz wohl kaum sein! Dieser dichte Bewuchs besteht aus Tagetes, Vanilleblumen/Heliotrop, Lobelien, Fuchsien, Geranien, Petunien und rankenden Glockenblumen. Er bietet ausreichenden Schutz vor den neugierigen Blicken der Nachbarn oder Passanten.

Holzzäune wirken eleganter als Mauern

Immer mehr Gartenbesitzer möchten den Sichtschutz als einen Teil aus der Natur gestalten. Weide, Heidekraut, Schilfrohr, Bambus und Holz sind bevorzugte Materialien.
Geschickte Bepflanzung macht noch den höchsten Zaun zum Schmuckelement, wie hier durch die rankende Clematis, den goldgelben Wacholder zur Rechten und die kontrastreiche Pflanzung von Immergrün und Schleifenblumen am Boden.

Abb. linke Seite und oben: Wohnliche „Räume“ und Akzente schaffen mit Sichtschutzelemenen aus Holz. Abb.: Brügmann TraumGarten

Abb. unten: Ein hoher Holzzaun (1,80 m ist für einen Sichtschutzzaun notwendig) wirkt immer eleganter als eine Mauer, sogar dann, wenn er, wie dieser im Bild, fast lückenlos ist.

Gartengestaltung mit System

Schön und einfach: Mit den Gestaltungssystemen des dänischen Anbieters PLUS A/S wird die Gartenplanung zum Vergnügen. Denn jedes System besteht aus einzelnen Elementen, die beliebig miteinander kombinierbar sind. Das Resultat ist immer überzeugend: Alles passt perfekt zusammen und ergibt ein traumhaftes Gesamtbild. Dank aufwendiger Herstellungsverfahren bleibt beim Thema Qualität nichts zu wünschen übrig. Angefangen bei der sorgfältigen Holzablagerung bis hin zur handwerklichen Fertigung.

Bambus – ein Hauch Exotic

8 Zaunsysteme in 4 Holzarten

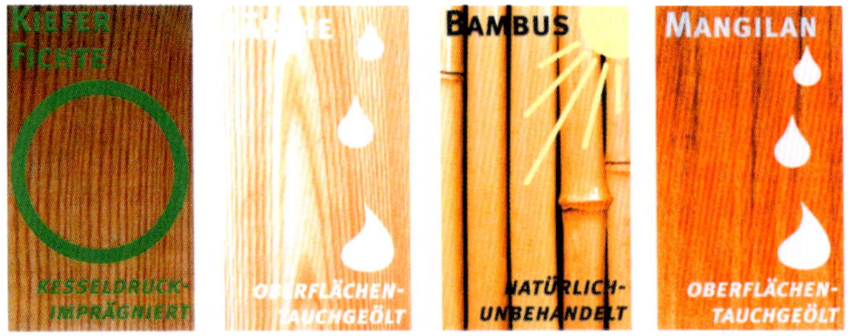

Die vornehme Ausstrahlung von PLUS-SELECT liegt nicht allein in der markanten Formgebung. Auch das Material ist entscheidend: handverlesene, sibirische Lärche. Sorgfältig verarbeitet und mit geölter Oberfläche versehen, steht sie für Eleganz und Schönheit.

Die zweite Terrasse...

... ist die Verwirklichung des Traums vom Garten-Pavillon.

Den Garten-Pavillon gibt es mit einem Gitterdach, aber auch eine weiße oder, wie hier gezeigt, farbige Plane bietet sich als Bedachungsform an. Die Pavillons sind mit allen PLUS-Elementen kombinierbar, da sie sich in die Rastermaße 60 bzw. 180 cm einfügen lassen. Auch lassen sie sich mit Kugeln und Bögen als kleine Finessen ganz individuell gestalten. Genießen Sie die urgemütliche Garten-Atmosphäre, wie sie mit einer Holzlandschaft dieser Klasse geschaffen werden kann!

Weitere Infos finden Sie in dem ausführlichen Ideen-Katalog.

PLUS A/S
Postfach 305 • DK-6600 Vejen
Tel. +45 / 7 99 64 33 33 • Fax 75 36 45 18
E-Mail: plus@plus.dk
www.plus-systeme.dk

4 *Carport-Systeme mit über 1000 Grundmodellen*

Jede Jahreszeit bringt für Ihr Fahrzeug andere Probleme mit sich, die sich ungünstig auf den Fahrkomfort, die Verkehrssicherheit und die Werterhaltung auswirken.

Jedes Fahrzeug braucht einen Stellplatz. Wenn es durch eine halboffene Konstruktion geschützt wird, lassen sich auch Hitzestau und Schwitzwasserbildung vermeiden. Egal, was Sie von einem Carport erwarten, das MODUL-System von PLUS ermöglicht Ihnen alles: Vom zeitlosen Flachdach über das elegante Landhausdach bis zum eindrucksvollen Satteldach gibt es in jeder Größe das Richtige.

Das Satteldach

Die eindrucksvollste Variante der MODUL Carports ist das Satteldach. Die Stahlplatten mit Dachstein-Profil gibt es in den Farben Anthrazit-schwarz (Standard), Ziegelrot und Rotbraun. Auf Wunsch auch ohne Dachplatten mit statischer Vorbereitung für Ziegel-Eindeckung lieferbar. Wichtig: Hierfür ist eine Absprache mit dem Fachhändler erforderlich.

Das Landhausdach

Der Trend geht stark zum guten Alten und Bewährten. Auch die MODUL2 Carports stehen dem in nichts nach. Das Landhausdach mit aparter Blende in Schieferoptik bietet einen gelungenen Blickfang. Allen, die sich mit dem Thema „Farbe“ angefreundet haben, bietet die druckimprägnierte, skandinavische Kiefer eine ideale Voraussetzung für die farbliche Nachbehandlung.

Die Möglichkeiten

- Mehr als 1000 Grundmodelle
- Individuelle Maßanfertigungen
- Mehrere Bedachungsmöglichkeiten
- Ausbaumöglichkeiten, auch nachträglich
- Architektonische Vielfalt
- Wahl von Einbaugeräte-Räumen
- Verschiedene Wandelemente

Weitere Infos finden Sie in dem ausführlichen Carport-Katalog.

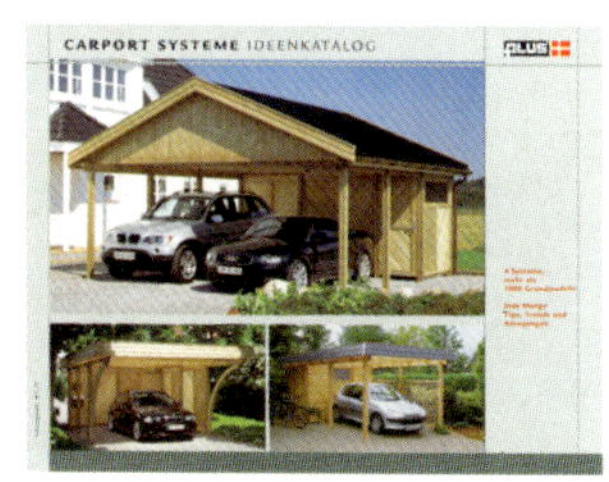

Immer aktuell: www.plus-systeme.de
Auf der Homepage finden Sie einen interaktiven Carport-Planer, der Sie einfach und direkt zu Ihrem Wunsch-Carport führt.

PLUS A/S
Postfach 305 • DK-6600 Vejen
Tel. +45 / 79 96 33 33 • Fax 75 36 45 18
E-Mail: plus@plus.dk
www.plus-systeme.dk

Unser Tipp: Kombinieren Sie die einzelnen Pflanzkästen zu einer Blüten- oder Wasserlandschaft. Siehe auch Abb. links.

Besonders dekorativ ist der CORA Rankblumenkasten mit dem Bogengitter.

Mit System zum Traumgarten

Bei der Suche nach Harmonie und Geborgenheit hat der Mensch viele Vorbilder. Eines der besten ist die Natur!

Hier stellen wir Ihnen ein unvergleichlich praktisches und umfangreiches Holzsystem vor, mit dem Sie kreativ planen und Ihren Garten ideenreich selbst gestalten können. Von Pflanzkästen bis zur kompletten Holztraumlandschaft mit Ranksäulen und Dielenboden – alles ist machbar.

Pflanzkästen für Blütenmeere und Wasserspiele

Schaffen Sie mit Pflanzkästen ein freundliches Ambiente. Besonders praktisch: Zu den Pflanzkästen gibt es passgenaue Einsätze zur Bepflanzung oder auch für Wasserspiele mit Überlauf.

Diese stabilen Pflanzkästen aus Nadelholz sind kesseldruckimprägniert und somit absolut wetterfest. In ihrer schlichten Form sind sie ein Schmuckstück auf jeder Terasse.

Eine interessante Kombination aus mehreren Wasserbecken und einer Sitzbank bringt Leben und Abwechslung in Ihren Garten.
Ein vielseitiges Pflanzkasten-System mit unterschiedlichen Formen – von Vier- und Sechseckkästen über Wandkästen bis hin zum Rankblumenkasten. Alle Kästen lassen sich untereinander perfekt zusammenstellen.

Das Zaunsystem für Kreative

Zäune für Vorgärten oder komplette Abtrennung des Gartens, Rosenbögen, Pergolen, Sicht- und Windschutz – das LINDGREN-Programm ist unglaublich variabel. Alle Elemente sind untereinander kombinierbar. Die warme Ausstrahlung des Kiefernholzes ist die natürliche Abrundung zur Blütenpracht und bringt Schwung in Ihren Garten.

Mit dem LINDGREN-System schaffen Sie schnell und einfach ein wunderschönes Gartenambiente. Hier wurden zwei BIANCA-Rankblumenkästen mit einem LINDGREN-Rundbogen 127 und fünf Einzelreitern erweitert.

Planung leicht gemacht:

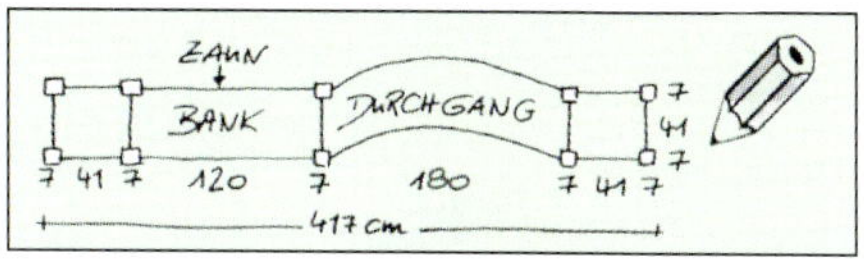

So einfach planen und zeichnen Sie Ihre Traumanlage.

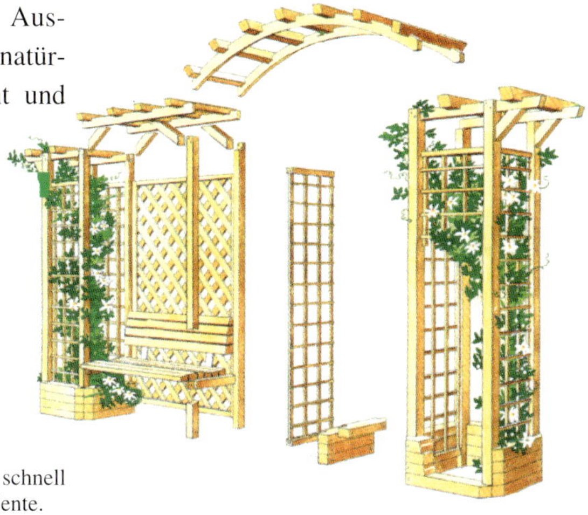

Die Zeichnung zeigt die einzelnen Elemente einer Doppelpergola. Die Elemente sind teilweise vormontiert.

Mit über 100 Einzelelementen können Sie Ihre Zaunanlage ganz individuell zusammenstellen: Für Sicht- und Windschutz gibt es Dicht- und Lamellenzäune, Rankgitter und vieles mehr. Ein passgenaues System mit vielen Möglichkeiten.

Unser Tipp – der Daumentest:

Feuchten Sie Ihren Daumen an und drücken ihn auf das Holz. Zeigt sich der Abdruck deutlich, so ist das Holz streichfertig.

Dielen und Böden

Kesseldruckimprägnierte Kiefernböden für Terrassen, Wege, Pavillons usw. runden das umfangreiche Programm von Brügmann TraumGarten ab.

Langlebige Produkte

Die moderne Kesseldruckimprägnierung ist nach aktuellem Stand der Forschung eine der wirksamsten Methoden, Nadelholz vor Witterungseinflüssen, Schädlingen und Pilzen zu schützen.

Infos unter: Brügmann TraumGarten GmbH
Kanalstraße 80 • D-44147 Dortmund
Tel. +49 (0) 2 31/99 86-0 • Fax 99 86-2 89
E-Mail: traumgarten@bruegmann.de
www.dream-garden.de

Frühjahrskur für alle Hölzer

Der Frühling steht vor der Tür. Die Lebensgeister erwachen und machen Lust auf Veränderungen. Eine gute Gelegenheit, mit Farbe frischen Schwung in die eigenen vier Wände zu bringen.

Superdec – die dekorative Wetterschutz-Holzfarbe

Neuer Look und Schutz in einem: Mit der dekorativen Wetterschutzfarbe Sadolin Superdec lässt sich Holz im Innen- und Außenbereich optimal schützen und farbig gestalten. Dabei steht eine große Auswahl neuer, moderner Farbtöne zur Verfügung.

Die deckende Holzfarbe ist ideal zum Renovieren im Innen- und Außenbereich. Das Holz kann nach dem Anstrich frei atmen, nimmt aber keine übermäßige Feuchtigkeit mehr auf. Die natürliche Holzstruktur bleibt beim Neuanstrich erhalten. Die hochelastische Oberfläche mit dem edlen Seidenglanz sorgt für eine optische Aufwertung. 15 attraktive Farbtöne stehen zur Wahl, die nach Belieben untereinander gemischt werden können. Die Palette reicht von Superweiß und Sandweiß über Islandgrau, Sahara-Gelb, Sonnengelb, Terracotta, Rot, Schwedenrot, Teak, Irischgrün, Waldgrün, Nussbaum, Taubenblau, Mykonos-Blau bis Ebenholz.

Sadolin Superdec eignet sich für viele Holzkomponenten: zum Streichen von Giebeln und Dachuntersichten, Profilholzflächen und Fassaden, Gartenhäusern und Fachwerkholz, Toren und Carports sowie Verkleidungen innen und außen. Der wetterfeste Langzeitschutz und die hohe UV-Beständigkeit der Farbe schützen das Holz lange und nachhaltig und lassen es einfach schön aussehen. Sadolin Superdec ist wasserverdünnbar und schadstoffarm. Mit dem Umweltzeichen „Blauer Engel" ausgezeichnet, ist die Holzfarbe nach dem Trocknen sogar für Kinderspielzeug geeignet. Die Farbe ist ergiebig und leicht zu verstreichen. Sie ist hochelastisch und atmungsaktiv.

Sadolin bietet Produkte für den gesamten Anforderungsbereich beim Holzschutz, bei Holzpflege und -veredelung. Das Sor-

timent umfasst Holzanstrichmittel der neuesten Generation, beispielsweise Sadolin Solid, das einen so guten Schutz gewährleistet, dass nicht – wie bisher – drei Anstriche nötig sind, sondern zwei vollkommen ausreichen. Zudem bietet Sadolin Mengenprodukte für alltägliche Anwendungen, wie beispielsweise das Streichen von Zäunen. Die Lasuren sind auf Lösemittel- oder auf Wasserbasis in vielen attraktiven Farbtönen erhältlich. Die Gebindegrößen reichen von 0,75 l bis 5 l.

Holzöle für Terrassen und anspruchsvolle Gartenmöbel

Mit zunehmender Verwendung von edlen Hölzern für Gartenmöbel und Terrassen wächst der Bedarf an speziellen Produkten zur richtigen Pflege. Sadolin greift den Trend der Verbraucher zu spezifischen Pflegeprodukten für besondere Hölzer auf: Neben dem Holz-Pflegeöl für Weichhölzer hat Sadolin speziell für Hart- und Tropenhölzer das Hartholzöl entwickelt. Sie dringen tief ins Holz ein, regulieren so die Feuchtigkeit und machen es wasserabweisend. Das Holz kann

nicht vergrauen und bewahrt sein attraktives Aussehen. Sadolin Holzöle auf Naturbasis sind leicht zu verstreichen, ergiebig und somit wirtschaftlich im Verbrauch.

Einfache Anwendung

Das Holz muss sauber, trocken und fettfrei sein. Bei vorbehandelten und älteren Hölzern müssen alte Anstriche abge-

Der alte Holzliegestuhl: vorher

schliffen und der Schleifstaub mit einem feuchten Tuch entfernt werden. Haben sich bereits Grünalgen gebildet, hilft eine zwei- bis dreiprozentige Chlorbleichlauge. Im Gegensatz zu Harthölzern braucht unbehandeltes Weichholz eine

Reinigen

Holzschutz-Grundierung. Vor dem eigentlichen Öl-Anstrich empfiehlt sich eine Probe an verdeckter Stelle. Das Holzöl wird einmal gleichmäßig mit dem

Anschleifen

Pinsel aufgetragen – und zwar stets in Richtung der Holzmaserung. Das überschüssige Öl kann 30 Minuten später mit einem Tuch entfernt werden. Nach ca. vier Stunden ist der Anstrich getrocknet. Der zweite Anstrich nach 48 Stunden bringt den optimalen Schutz.

1. Anstrich

Für unbehandelte, druck- und vakuumimprägnierte Weichhölzer wie Fichte, Tanne, Lärche oder Kiefer gibt es das Sadolin Holz-Pflegeöl in den Farbtönen Salzgrün und Hellbraun. Es ist als 2,5-l-

Schlussanstrich

und 5-l-Gebinde zum Preis von ca. 12,70 Euro bzw. 21,70 Euro erhältlich. Sadolin Hartholzöl für z. B. Teak, Robinie, Mahagoni, Meranti und Eiche steht in den neu entwickelten Farbtönen Teak und Rotbraun oder Farblos zur Verfügung. Das Hartholzöl gibt es als konsumentenfreundliches 0,75-l-Gebinde zu ca. 13 Euro und als 2,5-l-Gebinde zu ca. 34 Euro.

Der alte Holzliegesruhl: Nachher

Infos: Akzo Nobel Deco GmbH
Geschäftsbereich Do-it-yourself
Vitalisstr. 198-226 • D-50827 Köln
Tel.: +49(0)2 21 - 58 81-0 • Fax 58 81-6 43
E-Mail: infosadolin@akzonobeldeco.de
www.sadolin.de

Die Pergola: Schattenspender und Rankgerüst

Der Inbegriff wohnlicher Gärten ist für viele die Pergola. Sie ist mehr als nur ein Rankgerüst.

Als Schattenspender schafft eine Pergola zusätzlichen Wohnraum im Freien. Sie kann den Eingangsbereich betonen, die Verbindung zwischen Garage bzw. Carport und Haus herstellen und einzelne Gebäude zu einer lockeren Einheit verbinden. Grünflächen kann die Pergola in harmonischer Weise gliedern, sie kann Ruhepunkte schaffen, Gärten optisch vergrößern, untergeordneten Partien ungewöhnliche Wirkung verleihen. Vor allem aber schafft sie einen nahtlosen Übergang vom Gebäude zum Grünbereich.

Abb. links: Sternpergola mit Sichtblende und Rankgitter.

Man unterscheidet einhüftige und zweihüftige Bauweisen, auch der einseitige Anbau an ein Gebäude ist möglich. Das Baumaterial kann Kant- oder Rundholz sein. Die Proportionen der Pergola bestimmen ihr Aussehen. Ein lang gezogener Grundriss ist gefälliger als ein quadratischer.

Rundholzpalisaden gibt es entweder geschält – die natürliche Stammform bleibt erhalten, die beiden Palisadenenden weichen etwas in ihrem Durchmesser voneinander ab – oder aber gefräst – die Palisade hat überall die absolut gleichen

Durchmesser. Für Kantholzpalisaden finden Kanthölzer oder Schwellen Verwendung.
Ihre Ständer werden auf Punktfundamenten befestigt. In Verbindung mit Sicht- und Windschutzelementen bietet

die Pergola besondere Funktionalität. Der Grad der Beschattung hängt von der Höhe der Lamellen, ihrem Abstand, der Himmelsrichtung und der Bepflanzung ab.

Konstruktion

Pergolen können unterschiedlich konstruiert werden. Die schematische Darstellung zeigt die gebräuchlichsten Formen.

Die schönsten Pergolen gibt es als Bausatz fertig und einfach zu montieren im Programm von Brügmann TraumGarten.

Infos unter:
Brügmann TraumGarten GmbH
Kanalstraße 80 • D-44147 Dortmund
Tel. +49 (0) 2 31/99 86-0 • Fax 99 86-2 89
E-Mail: traumgarten@bruegmann.de
www.dream-garden.de

Open-Air-Wohnräume gestalten

Terrasse, Dachterrasse und Balkon sind im Sommer die bevorzugten Aufenthaltsorte.

Beschattungssysteme für Pergolen und Sichtschutzwände tragen dazu bei, den Freisitz attraktiv zu gestalten und klimatisch zu kontrollieren.
Die Anbau-Pergola CLASSIQUE von UNOPIÙ lässt sich sehr einfach mit dem Beschattungssystem ONDA ausstatten. Der weiße witterungsbeständige Acrylstoff wird hierzu straff durch die einzelnen Querstreben geflochten.

Ombra, der regulierbare Sonnenschutz für Pergolen von 3 m – 6 m Tiefe.

Freiräume in Holz: Ideen für schattige Freisitze und Terrassen mit Stil

Der italienische Hersteller UNOPIÙ wartet mit einem umfangreichen Angebot zur besonderen Gestaltung von Terrassen und Freisitzen auf. Dabei wurde bei allen Systemen Wert auf sorgfältig ausgewählte Materialien und hochwertige Verarbeitung gelegt. Das in der linken Abbildung vorgestellte Sonnendach OMBRA stellt ein fast überall einsetzbares Beschattungssystem dar, mit dem Sie Ihre Terrasse oder Dachterrasse auch an heißen Sommertagen in ein angenehmes Freiluft-Refugium verwandeln.

Ein Maximum an Flexibilität und Individualität durch modularen Aufbau der verschiedenen Pergolen

Schon bevor Kletterpflanzen um das Holz ranken oder die Elemente mit einem Sonnenschutz versehen werden, denkt man beim Anblick der Pergola Grillage an Schatten und Frische. Das Gitterdach (Spundung aus Profilhölzern 27 x 70 mm) ergibt einen sicheren Unterbau für eine wasserdichte Überdachung, wie z.B. die gewebeartige Polykarbonatplatte.

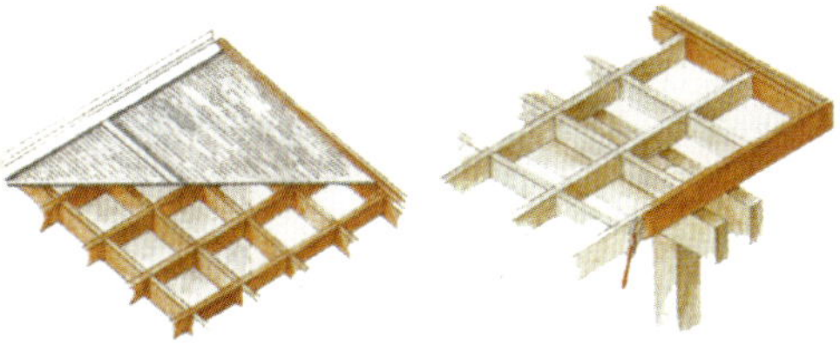

Die 6 mm starke Polykarbonatplatte wird für 3 oder 4 Meter tiefe Pergolen komplett mit Befestigungsmaterial geliefert.

Die Qualität spricht für sich: Beim Pergola-Modell GRILLAGE ohne Mittelpfosten sind die Balken in 60 x 150 mm Leimholz ausgeführt.

Die Pergola GRILLAGE zaubert südländisches Flair auf Ihre Dachterrasse.

Die Pergola und deren Erweiterungen sind in zwei Ausführungen erhältlich: Als Standardversion (PGW) und als Ausführung ohne Mittelpfosten (PGWSP). Die Bautiefe kann zwischen 2 m und 6 m gewählt werden. Beide Ausführungen sind 4,29 m breit und können mit einer oder mehreren Erweiterungen von 1,86 m vergrößert werden. Für die Modelle ohne Mittelpfosten sind auch Doppelerweiterungen von 3,72 m erhältlich. Pavillons, Sonnenschirme, Vordächer, Rankgitter, Sichtschutzelemente, Gartenhäuser sowie Gartenmöbel, Leuchten und weitere Accessoires ergänzen das Angebot.

Infos unter:
UNOPIÙ Europa
Am Dornbusch 24 – 26 • D-64390 Erzhausen
Tel. +49 (0) 61 50/97 53-0 • Fax 99 09 83
www.unopiueuropa.de

Eine Orangerie verleiht dem Garten eine luxuriöse Ausstrahlung

Ein schöner Platz im Grünen!

Eine Bereicherung des Gartens sind Orangerien und Pavillons.

Um die Jahrhundertwende nur einigen wenigen vorbehalten, halten diese transparenten Glanzstücke nun Einzug in unsere Gärten. Dank der unterschiedlichsten Farben, Formen, Materialien und Größen findet sich für jeden Garten das passende Objekt. Auf Grund eines gut durchdachten Baukastensystems können Projekte verwirklicht werden, die in Form und Ausstattung den individuellen Kundenwünschen entsprechen. Egal ob klassisch oder modern, die Ausführungen sind stets aus hochwertigen Materialien, die dem Anspruch an Qualität, Sicherheit und Langlebigkeit gerecht werden.

Modell *Retro*: Größe 310 x 458 cm mit umlaufenden Dekorplatten – ein Haus mit nostalgischem Flair

Pavillon *Typ B*, 377 cm im Durchmesser

Das Pavillonmodell *Pagode* bietet viele Variationsmöglichkeiten

Victorian: Größe 236 x 310 cm, ein Gewächshaus mit Stil und umfangreicher Ausstattung

Infos unter: Selfkant Wolters GmbH
Maria-Lind-Straße 29 • D-52525 Waldfeucht
Tel. +49 (0) 24 52/2 17 82
E-Mail: selfkant-wolters@t-online.de
www.selfkant-wolters.de

Romantische Pavillon-Idylle im eigenen Garten

Herrliche Feste feiern, in Ruhe Kaffee trinken und die schöne Gartensaison verlängern – so ein Traum muss mit den günstigen LINDGREN-Pavillons kein Traum mehr bleiben!

Das Grundmodell gibt es bereits deutlich unter 200 Euro; es ist also erstaunlich günstig. Das Programm bietet fast unendlich viele Möglichkeiten – Ihrer Kreativität sind damit kaum Grenzen gesetzt. Wählen Sie das Grundmodell und bauen Sie nach Belieben mit den Systemteilen und Zaunelementen weiter aus – auch ein nachträglicher Anbau bzw. Erweiterung sind kein Problem.

Die Planung ist denkbar einfach, ebenso der Aufbau. Ohne Spezialwerkzeug können die passgenauen Teile nach gut verständlicher Anleitung sogar von handwerklich Ungeübten einfach aufgebaut werden.

Im 8-Eck-Pavillon (hier auf dem 8-Eck-Boden, ausgebaut mit blauem Polyestergewebe-Dach und WINDOW 2 Elementen mit echtem Glaseinsatz) machen Sie's sich auch an trüben Tagen gemütlich.

Richtig planen leicht gemacht:

Stellen Sie Ihren Wunsch-Pavillon zusammen:

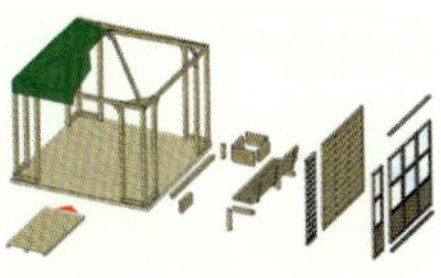

4 (oder auch 8)-Eck Pavillon Grundmodell

Sommerdächer: erhältlich in Weiß, Blau, Grün. Auch als Holzdach mit Kieferbausatz.

Schutzhaube: transparente Gittergewebeplane

WINDOW 2
mit echtem Glas
60 x 180 cm
41 x 180 cm

Viele verschiedene Elemente: z.B. CLEMATIS Diagonalgitter oder das Gitter 13 (41 x 180 cm)

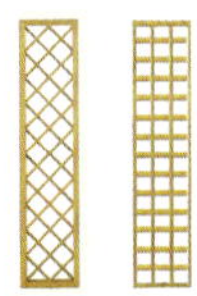

Exklusiv-Bank 180
180 cm, mehrfach verleimt

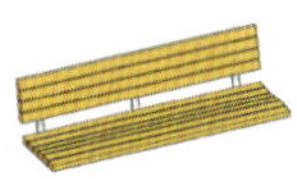

Kastenmodul 47
7 x 7 x 47 cm

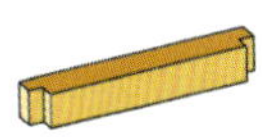

Aufsatzleiste
4,2 x 7 x 180 cm

BAGO Holzboden
297 x 297 cm

Sie können zwischen einem 4- und einem gefälligen 8-Eck-Pavillon wählen. Werden Sie kreativ, gestalten Sie sich eine Traumlandschaft in Ihrem Garten. Mit den praktischen LINDGREN-Pavillons ist dies kein Problem.

Infos unter: Brügmann TraumGarten GmbH
Kanalstraße 80 • D-44147 Dortmund
Tel. +49 (0) 2 31/99 86-0 • Fax 99 86-2 89
E-Mail: traumgarten@bruegmann.de
www.dream-garden.de

Gartengrill-Küche für gesellige Sommerabende

Für viele Gartenbesitzer, die schon lange eine Alternative für die stress- und staugeplagten Ausflugs- und Urlaubswochenenden suchen, bietet die große Sommerküche ein echtes Angebot. Ohne auf die häusliche Bequemlichkeit verzichten zu müssen, entspannen Sie hier unter freiem Himmel. Dabei können Sie Ihr „Urlaubsziel" ganz nach Ihren eigenen Vorstellungen und Wünschen gestalten und unter freiem Himmel kochen, grillen und feiern.

Leichtes Bearbeiten und Zusägen der Hebel Steine ermöglicht Ihnen eine individuelle Planung und Gestaltung Ihrer eigenen Küche. Bei abgesägten Stürzen müssen Sie die Armierung unbedingt mit Rostschutzmitteln behandeln. schützen Sie alle Kanten durch Eckschutzschienen, die Sie anschließend mit dem Mauerwerk verputzen.

Das Wichtigste in einer perfekten Sommer-Küche ist eine richtige Kochstelle. Die Installation einer transportablen Gasflasche und eines Campingkochers ist sicherlich einfach und schnell durchgeführt.

Um ein einfaches Reinigen der Arbeits- und Kochfläche zu ermöglichen, wird der ganze Kochbereich gefliest.

Optisch attraktiv ist der Kontrast zwischen dem weißen Mauerwerk und dem einheitlichen Farbton der Fliesen, Bodenplatten und Dachziegel. Was der Redaktion Garten-Planset besonders gefällt, ist die geschickte Einbindung des alten, Schatten spendenden Laubbaumes.

Eine detaillierte Bauanleitung und viele andere attraktive Möbel- und Einbautipps für Haus und Garten finden Sie im kostenlosen Prospekt „Design aus Stein". Ein 120-seitiges, ausführliches Buch gleichen Titels bekommen Sie für 10 Euro inklusive Porto. Beides können Sie bei der Firma direkt bestellen.

Infos unter:
Hebel AG, Kundeninformation
D-82243 Fürstenfeldbruck
www.hebel.de

*K*lein bleibende Gehölze für den Hausgarten

Klein bleibende Gehölze lassen sich ihrem Wachstum nach in verschiedene Gruppen unterteilen. Für Ihre Gartengestaltung haben wir Ihnen hier eine Auswahl der schönsten klein bleibenden Gehölze zusammengestellt.

Gruppe 1

klein bleibend, aber schnell wachsend

Eine Gruppe bilden solche Arten und Sorten, die an sich zwar kräftig wachsen, aber maximal nur 100 cm hoch werden – ihre Endhöhe also schon nach 3 – 4 Jahren erreichen können. Sie besteht aus aufrecht wachsenden Laubgehölzen, meist klein bleibenden Ziersträuchern, z.B. niedrige Sorten von Deutzien, Jasmin, Weigelien, Fingerstrauch.

Sie eignen sich für niedrige Blütenhecken, in kleinen Vorgärten, in Böschungen, sie passen auf Blumenbeete und zu Rosengruppen, man füllt mit ihnen Lücken zwischen jungen Nadelgehölzen.

Gruppe 2

Echte Liliputaner

Eine weitere Gruppe bleibt ebenfalls unter 100 cm, erreicht jedoch diese Endhöhe im Gegensatz zur ersten Gruppe erst nach vielen Jahren, also Gehölze von schwachem Wuchs und kurzen Jahrestrieben. Zu ihnen gehören aufrecht, meistens jedoch breit wachsende Gehölze, viele von ihnen werden nur ausnahmsweise im Alter über 50 cm hoch. Hierzu gehören beispielsweise Zwerg-Birke und Heidekräuter, einige Ginster, Zweig-Rhododendron, Igel-Fichte, einige Wacholder. Gehölze dieser Gruppe passen in Stein- und Heidegärten, eingestreut zwischen Polsterstauden, sie eignen sich in Kübeln, auf Dachgärten, in Minibeeten an Terrassen oder in Innenhöfen sowie zur Bepflanzung von Gräbern.

Gruppe 3

Gehölze werden zwar größer, aber wachsen langsam

Bleibt eine dritte Gruppe, die artenreichste; sie ist meistens gemeint, wenn es um klein bleibende Gehölze geht, die als Zwerg-Gehölze bekannt sind. Sie wachsen zwar langsam (einige sogar extrem langsam), können jedoch im Alter beachtliche Höhen erreichen - nicht selten sogar über 3 Meter. Hier handelt es sich zumeist um Zwergformen großer Bäume, z. B. der heimischen Kiefer oder Tanne: Launen der Natur mit gestauchtem Trieb, als sog. Hexenbesen spontan auftretend,

Abb. links: Rhododendron (Hecke), vorgepflanzt Blauzederwacholder und andere zwergwüchsige Wacholder.

von irgendeinem Gärtner entdeckt, für gut befunden und vermehrt.

Je größer, desto ausdrucksvoller werden die Gehölze. Als 2 Meter hohe Solitärpflanzen – zwar nur selten angeboten, aber zu finden – bekommen durch sie kleinste Gärten wie Innenhöfe eigenen Gartencharakter, eine Art von japanischer Gartenkultur. Sie benötigen keine Pflege. Einfach pflanzen und wachsen lassen.

Pflanzenauswahl

Hier finden Sie ine empfehlenswerte Auswahl klein bleibender Gehölze nach den angeführten Gruppen unterteilt.

( ) = botanischer Name

1. Ziersträucher

frohwüchsig, sie erreichen ihre Endhöhe von 100 cm in wenigen Jahren:

- Zierquitte
(Chaenomeles-Hybr.)
- Edel-Ginster
(Cytisus und Genista i.S.)
- Maiblumenstrauch
(Deutzia gracills)
- Winterharte Fuchsien
(Fuchsia in Arten/ Sorten)
- Johanniskraut
(Hypericum patulum-Sorten)
- Blauraute, Silberbusch
(Perovskia abrotan.)
- Niedriger Duftjasmin
(Philadelhus lemoinei-Sorten)
- Fingerstrauch
(Potentilla in Sorten)
- Rotblättrige Weigelie
(Weigela florida Purpurea)

2. Klein bleibende Gehölze

schwach wachsend, erreichen ihre Endhöhe erst nach vielen Jahren:

50 bis 100 cm hoch

Laubgehölze

- Zwerg-Blutberberitze
(Berberis thunb. Atrop. Nana)
- Sommerheide, Heidekraut
(Callunen in hohen Stauden)
- Niedrige Scheinhasel
(Corylopsis pauciflora)
- Zwergmispel praecox
(Coton praecox)
- Zwerg-Ginster
(Cytisus kewensis)
- Seidelbast, Kellerhals
(Daphne in Sorten)
- Federbuschstrauch Monticola
(Fothergilla monticola)
- Strauch-Ilex Convexa
(llex crenata Convexa)
- Torfmyrte, Pemettie
(Pemettya mucronata)

Zwerg-Weymonthkiefer

- Japanische Azaleen
(Azalea japonica)
- Rhododendren repens-Hybriden
- Engadin-Weide
(Salix hastata Wehrhahn)
- Skimmlen
(Skimmia in Sorten)

Japanischer Goldahorn (Bildmitte), Zuckerhutfichte, Chinawacholder

Nadelgehölze

- Zuckerhut-Fichte Laurin
(Picea glauca Laurin)
- Zwergform der Rotkiefer
(Pinus densifl. Pumila)
- Zwerg-Kiefer Pumilio
(Pinus mugo Pumilio)
- Zwerg-Kiefer Mops
(Pinus mugo Mops)
- Zwerg-Hemlock Jeddeloh
(Tsuga canad. Jeddeloh)

bis 50 cm hoch

Laubgehölze

- Sommerheide, Heidekraut (Calluna, niedrige Sorten)
- Kriech-Ginster (Cytisus decumbens)
- Rosen-Ginster (Cytisus purpureus)
- Rosmarin-Seidelbast (Daphne cneorum)
- Traubenheide (Erica vagans in Sorten)
- Veilchen-Rhododendron (Rhod. impeditum-Sorten)
- Diamant-Azaleen

Nadelgehölze

- Igel-Fichte (Picea glauca Echiniformis)
- Zwerg-Wacholder Blue Star (Junip. squam. Blue Star)

3. Schwach wachsende Gehölze

erst nach vielen Jahren, teils Jahrzehnten werden diese Gehölze über 100 cm hoch oder breit, im Alter teils bis oder über 300 cm hoch oder breit

Aufrecht wachsende Nadelgehölze

- Zwerg-Muschelzypresse (Cham. obt. Nana Gracills)
- China-Wacholder Blaauw (Junip chin. Blauuws Var.)
- Blauzeder-Wacholder (Junip. squam. Meyeri)

- Zwerg-Zypresse Minima Glauca (Cham. Minima Glauca)
- Zuckerhut-Fichte (Picea glauca Conica)
- Zwerg-Kiefer Waterer (Pinus silv. Watereri)
- Lebensbaum Rheingold (Thula occ. Rheingold)
- Sicheltanne Cristata (Cryptomeria jap. Cristata)

Breit wachsende Nadelgehölze:

- Zwerg-Kiefer Pumilio (Pinus mugo Pumilio)
- Blaue Kriech-Kiefer (Pinus pumilla Glauca)
- Zwerg-Fichte Ohlendorff (Picea exc. Ohlendorff)
- Zwerg-Fichte Maxwell (Picea exc. Maxwell)
- Zwerg-Fichte Repens (Picea exc. Repen)

Ganzjährige Blütenpracht bei geschickter Staudengruppierung

Bei dem Anlegen von Staudengruppen sollte man für Abwechslung in Form, Farbe und Höhe sorgen; pyramidale Blütenstände sollten mit flachen wechseln. So ist Rittersporn mit seinen hohen Blütenähren senkrecht ausgerichtet, dagegen blüht das Hellopsis mit margeritenähnlichen Blüten eher flach.

Die hoch wachsenden Arten werden in Staudenbeeten nach hinten gruppiert, am besten vor einem dunklen Hintergrund. Hierzu eignen sich immergrüne Büsche oder dunkelgrüne Gehölze, die besonders mit dem Blattgrün harmonisieren.
Bei der Pflege ist auf gute Bodenlockerung zwischen den Stauden zu achten, um so den Zutritt von Licht und Luft zu gewährleisten.
Eine vielfältige und farbenreiche Blütenpracht in der Staudenrabatte von März bis Oktober können Sie bei geschickter Bepflanzung mit dieser Tabelle erzielen. Achten Sie auf die unterschiedlichen Größen der Stauden.

Tabelle rechts:
In der Rubrik „Standort" haben die Abkürzungen folgende Bedeutung: Hs Halbschatten, S Schatten und So Sonne.

Pflanzen	Blütenfarbe	Höhe in cm	Blütezeit	Standort
Bergenie	rosa	30	März–April	Hs, S
Veilchen	lila	15	März–April	Hs, S
Maßliebchen	versch.	15	März–April	So, Hs
Zwergschwertlilie	versch.	10–20	März–April	So, Hs
Primel	versch.	15–25	März–Mai	Hs, S
Blaukissen	rosa, rot, lila	10	April–Mai	So
Gänsekresse	weiß	15–30	April–Mai	So
Kuhschelle	lila	20	April–Mai	So, Hs
Vergißmeinnicht	blau	20	April–Juni	So, Hs
Polsterphlox	versch.	10	April–Juni	So
Steinkraut	gelb	20	April–Juni	So
Schleifenblume	weiß	25	April–Juni	So
Türkenmohn	rot	50–80	April–Juli	So
Tränendes Herz	rosa	60	April–August	So, Hs
Schwertlilie	versch.	50–80	Mai–Juni	So, Hs
Pfingstrose	versch.	60	Mai–Juni	So
Günsel	rot, blau	10	Mai–Juni	So
Grandiflora	blau	40	Mai–Juni	So
Sedum Mauerpfeffer	versch.	5–15	Mai–Juni	So, Hs, S
Lupine	versch.	90	Mai–Juli	So
Akelei	versch.	60	Mai–Juli	So, Hs
Teufelskralle	blau	25–30	Mai–Juli	So, Hs
Trollblume	gelb-orange	60–80	Mai–August	So, Hs
Mädchenauge	gelb	60–100	Mai–September	So
Taglilie	versch.	70–100	Juni–Juli	So, Hs
Fingerhut	rosa, weiß	50	Juni–August	So, Hs
Astilbe	versch.	50–80	Juni–August	So, Hs
Feinstrahlaster	versch.	60–75	Juni–August	So
Storchschnabel	blau	50	Juni–August	So, Hs
Lein	blau	50	Juni–August	So
Ehrenpreis	blau	60	Juni–August	So
Schleierkraut	weiß, rosa	60–100	Juni–August	So
Dreimasterblume	versch.	50–60	Juni–September	So, Hs
Kokardenblume	gelb-rot	50	Juni–September	So
Nelkenwurz	orange	40	Juni–September	So, Hs
Rittersporn	blau	80–200	Juni–September	So
Schafgarbe	gelb, rot	60–100	Juni–Oktober	So
Königskerze	gelb, rosa	100	Juli–August	So
Palmlilie	weiß	150	Juli–August	So
Glockenblume	weiß, blau, lila	40–90	Juli–August	So, Hs
Prachtscharte	violett	70	Juli–August	So
Stachelnüsschen	braun	10	Juli–August	So
Lavendel	blau	40	Juli–September	So
Salbei	blau	40	Juli–September	So
Kreuzkraut	gelb	100–150	Juli–September	So, Hs
Sonnenhut	gelb	80–200	Juli–Oktober	So
Eisenhut	violett	120	August–Oktober	So, Hs
Lampionpflanze	rot	60	August–Oktober	So, Hs
Herbstaster	versch.	80–120	August–Oktober	So

Hecken – Schutz gegen Sicht und Lärm

Hecken dienen der Umfriedung des Grundstückes, sind eine Windbremse, bieten natürlichen Sichtschutz in jeder gewünschten Höhe und filtern den Straßenstaub.

Hecken bieten Vögeln Nistgelegenheiten und Schutz, und Vögel wiederum sind als Insektenfresser der umweltfreundlichste Pflanzenschutz. Die Anlagekosten einer Hecke sind oft erheblich niedriger als die von Zaun und Mauer; bei zweckmäßiger Pflanzenwahl entsteht wenig Pflegeaufwand.

Eibenhecke (taxus media Hicksii), Zwerggehölze vorgepflanzt

Fichtenhecke

Hecken – streng oder locker?

Streng geschnittene, übermannshohe Hecken sind gartengerechter als ein gemauerter Sichtschutz, dichte Hecken machen Zäune überflüssig.

Streng geschnittene, 60–100 cm hohe Hecken grenzen Vorgärten zur Straße hin ab, trennen Reihenhausgärten.

Durch niedrige, nur 20–40 cm hohe, streng geschnittene Hecken werden Gartenwege, Blumenbeete, Gartenteile verschiedener Nutzung (Rasen, Blumen, Gemüse) sauber und ordentlich eingefasst. Sie haben sich auf Friedhöfen bewährt.

Lockere, ungeschnittene Hecken haben die gleichen Vorzüge wie streng geschnittene – die Wahl zwischen beiden Formen ist neben dem Geschmack eine Frage der Grundstücksgröße; geschnittene Hecken machen Gärten größer. Die Höhe lockerer Hecken hängt ab von der natürlichen Wuchshöhe der ausgewählten Straucharten, die sich allerdings durch Auslichtungs- und Winterschnitt korrigieren lässt.

Dadurch ist es kein Problem, den Garten mit lockeren Blütenhecken in den begehrten Höhen um 200 cm einzuschließen oder mit Hecken um 60 cm Höhe den Vor-garten zum Bürgersteig gefällig abzugrenzen.

Vor der Auswahl der Heckenpflanzen ist zu beachten, dass

- alle Hecken sowohl aus Nadel- oder immergrünen Gehölzen oder aus sommergrünen Laubgehölzen bestehen können.
- alle Hecken einen unterschiedlichen Platzbedarf haben, je nachdem, welche Mindestbreite die gewählte Art an der Basis benötigt.
- Boden und Klima mit entscheidend sind für die Pflanzenauswahl.
- alle Hecken je nach Art unterschiedlichen Schnittaufwand benötigen.
- Heckenpflanzen je nach Art unterschiedlich schnell wachsen, nicht nur später im Garten, auch schon in der Baumschule, was selbstverständlich nicht ohne Einfluss auf den Kaufpreis ist.
- schnellwüchsige Sorten naturgemäß auch den höheren Pflegeaufwand benötigen.

Berberitzen Sauerdorn (rot), daneben Felsenbirne (weiß), Sanddorn (fruchten im Herbst), Forsythien (gelb)

Der Pflanzenbedarf

Der Pflanzenbedarf richtet sich nicht nur nach der Art, er ist auch stark von der Pflanzengröße abhängig.

Genügen z.B. beim Lebensbaum in der Größe 150 cm 3 Pflanzen pro lfd. Meter, so sollten es bei 50 cm 5 Stück sein. Zu enges Pflanzen fördert die Gefahr späteren Aufkahlens, andererseits bremst engeres Pflanzen den Trieb und verringert dadurch den Schnittaufwand.

Die Pflanzabstände

Je dichter gepflanzt wird, desto schneller schließt sich die Hecke. Zu dichtes Pflanzen jedoch fördert frühzeitiges Verkahlen der Hecke. Die Pflanzen in den Pflanzgraben stellen und die Abstände ausrichten.

Wer Hecken pflanzen möchte, sollte vorher noch einmal mit einem Fachmann sprechen, um die eigenen Vorstellungen mit den konkreten Gegebenheiten vor Ort optimal abzustimmen.

Pflanzen sind Teil der Schöpfung

Wer einen Garten plant und anlegt, der verwendet Pflanzen, die als lebende Wesen ein Teil der Schöpfung sind. Sie gehören auf die Erde wie Tiere und Menschen und sie sind wichtiger Bestandteil der Biosphäre, der belebten Hülle unseres Planeten.

Wir sagen das so deutlich, weil Pflanzen anders behandelt werden müssen als Pflastersteine oder Holzpfosten. Pflanzen haben Ansprüche, und sie verändern sich im Jahreslauf und über die Jahre. Das unterscheidet sie wesentlich von den verwendeten Baustoffen, und das macht die Tätigkeit des Gärtnerns zu etwas Besonderem. Der Gärtner betreibt Pflanzenkultur, nicht -produktion. Er begleitet das Lebewesen Pflanze bei seinem Wachstum wie die Eltern ihr Kind. Wenn er Pflanzen vermehrt, dann nutzt er natürliche Vorgänge in wirtschaftlicher Weise zu seinem Vorteil. Aber im Grunde genommen sind Pflanzen für ihr Dasein nicht auf die Hilfe des Menschen angewiesen.

Die Pflanze und die Sonne

Pflanzen nutzen die Energie der Sonne und zerlegen das Kohlendioxid der Luft in Kohlenstoff und Sauerstoff. Zum Glück für uns, denn nur durch diesen Vorgang in den Pflanzen bleibt der Sauerstoffgehalt unserer Atmosphäre erhalten. Den verbliebenen Kohlenstoff verbinden die Pflanzen mit Wasser zu Kohlehydraten, also Zucker, Stärke und andere wichtige Bestandteile unserer Ernährung. Diesen wunderbaren Vorgang nennt man Photosynthese, ein natürlicher Vorgang, der in seiner Perfektion von der Technik nicht kopiert werden kann. Wasser und Kohlenstoff in diesen Nahrungsmitteln scheiden wir größtenteils wieder aus, aber die enthaltene Bindungsenergie, die Energie der Sonne, die nutzen wir für unsere Lebensfunktionen. Wenn in unserem Garten also Gemüse wächst, so sammeln diese Pflanzen Sonnenenergie für uns. Seltener wird in unserem Garten Viehzucht stattfinden, unser Vieh lebt jedoch gleichermaßen von durch Pflanzen nutzbar gemachte Sonnenenergie, auch unser Schlachtvieh kann ohne Pflanzen nicht existieren. Pflanzen liefern weltweit mit Sonnenenergie angereicherte Nahrungs- und Futtermittel. Aber die Pflanze leistet noch wesentlich mehr. Während ihres Wachstums bildet sie organisches Gewebe, das im Herbst zum Teil wieder abstirbt. Es gelangt auf den Boden und dient dort dem Bodenleben als Nahrung. Die Pflanze liefert auch den im Boden lebenden Organismen Lebensenergie.

Die Pflanze und der Boden

Der Boden besteht neben mineralischen und organischen Bodenteilchen auch aus lebenden Organismen. Dazu zählen Mikroorganismen (Bakterien, Flechten und niedere Pilze) und Lebewesen, die mit bloßem Auge erkennbar sind (Würmer,

Käfer und andere Insekten). Alle zusammen sind sie für die Entsorgung und Verwertung von abgestorbenem Gewebe pflanzlichen und tierischen Ursprungs zuständig. Sie zersetzen diese organischen Stoffe und zerlegen sie in ihre Bestandteile. Dieser Vorgang wird Kompostieren genannt und findet nicht nur im Komposthaufen statt, sondern auf jedem Fleckchen Erde, das Leben trägt. Die entstehenden Stoffe sind Kohlendioxid, Stickstoffverbindungen und Mineralien, alles Stoffe, die der Pflanze als Nährstoffe dienen. Deshalb ist „guter Boden" für jeden, der sich bewusst mit dem Lebewesen Pflanze beschäftigt, etwas sehr Wertvolles.

Die Pflanze und ihre Ernährung

In der freien Natur kann das Bodenleben die von der Pflanze benötigten Nährstoffe bereitstellen, in der Natur muss nicht gedüngt werden. Welche Umstände machen im Garten dann das Düngen nötig? Jede Bodenart und jedes Klima bringt eine bestimmte Pflanzengemeinschaft hervor. Abhängig von Feuchte, Wärme, Belichtung und Nährstoffgehalt finden sich auf einem bestimmten Standort in der Natur die passenden Pflanzen zusammen und auch das Bodenleben entwickelt sich so, wie es dieser Standort möglich macht. Pflanzendecke und Bodenleben zusammen schaffen dann eine Lebensgemeinschaft, die, wenn sich an den Rahmenbedingungen nichts ändert, Jahr für Jahr die Lebenszyklen jedes einzelnen Lebewesens wiederholt. Eine zusätzliche Ernährung durch den Menschen ist für natürliche Gemeinschaften nicht notwendig. Düngung wird erst dann notwendig, wenn wir wollen, dass eine bestimmte Pflanzenart an einem Platz gedeiht, der nicht die geeigneten Voraussetzungen bieten kann. Deshalb ist sehr wichtig, bei der Auswahl der Gartenpflanzen deren Standortansprüche zu kennen.

Die Vielfalt der Pflanzen

Eine gute Gärtnerei bietet Ihnen eine große Vielfalt von Stauden und Gehölzen an. Dadurch können Sie für jeden Standort und für jede Jahreszeit schöne Pflanzen finden. Ein guter Garten braucht Blüten im Frühjahr und im Sommer, in einem großen Sortiment finden Sie nicht nur Herbstastern, auch andere Spätblüher und sogar ein paar Schmuckstücke für den Winter finden sich. Hier hilft uns die Vielfalt, unseren Garten attraktiv zu machen. Aber die Vielfalt hat auch einen anderen Nutzen. Jede Pflanze hat mit der Blüte ihre größte Attraktivität und gute Gartenpflanzen schmücken außerdem mit ihrem Laub oder mit auffälliger Herbstfärbung oder hübschen Früchten. Jede Pflanze hat aber auch Zeiten intensiven Wachstums und Zeiten relativer Ruhe. Nehmen wir uns als Beispiel die Tulpe. Sie zieht im Sommer ein und erscheint erst im Frühling wieder, sie hat eine deutliche Ruhezeit. Während dieser Zeit ohne Wachstum erwartet sie einen eher trockenen Boden, sonst verfault sie. Deshalb braucht sie einen Nachbarn, der seine Hauptvegetation während dieser Zeit hat und zur Blütezeit der Tulpe sich möglichst zurückhält. Dieses eine Beispiel soll zeigen, weshalb in der Gar-

tengestaltung auch Pflanzen gebraucht werden, die lediglich passende Nachbarn zu den auffälligen Pflanzen sind. Der Pflanzenverwender versucht damit, jeder Pflanze die sich übers Jahr ändernden Standortbedingungen zu schaffen, die sie für ein gutes Gedeihen braucht. Und das geht am besten mit entsprechend vielen verschiedenen Pflanzen. Das ist der Wert der Vielfalt im Garten.

Infos unter:
Gärtnerei Simon
Staudenweg 2 • D-97828 Marktheidenfeld
Tel. +49 (0) 93 91/35 16 • Fax 21 83
E-Mail: info@gaertnerei-simon.de
www.gaertnerei-simon.de

Blütenpracht für jede Jahreszeit!

In dieser Tabelle geben wir eine Übersicht, die bei der Bepflanzungsplanung sehr wichtig ist, da genau gezeigt wird, welche Blume zu welcher Jahreszeit in voller Blüte steht.

Petunie und Lobelie sind nicht aus der Mode, sie treten nur in anderen Kombinationen auf. Diese Tabelle zeigt Ihnen Farben und Blütezeiten der unterschiedlichsten Pflanzen und gibt nützliche Hinweise zur jeweiligen Blume. Suchen Sie einfach Ihre Lieblingsblumen heraus und kombinieren Sie sie nach Wunsch. Ob Ton in Ton oder kunterbunt, bleibt dabei Ihrem persönlichen Geschmack überlassen.

Unter der Tabellenspalte „Standort“ ist angezeigt, ob die Pflanze

- ● (gelb) ... in der Sonne,
- ● (grau) ... im Halbschatten
- ● (schwarz) ...oder im Schatten

stehen soll. Mit dieser Hilfe können Sie entscheiden, welche Pflanzen Sie an welcher Stelle kombinieren können. Also: Viel Spaß beim Kombinieren!

Name	Standort	Blütezeit	Höhe in cm	Farbe	Besonderheiten
1. Agastache Blue Fortune Mexikanische Minze	Sonne, Halbschatten	Juli– Oktober	70–90	blau	Braucht viel Wasser, ausgeprägter Duft
2. Ageratum houstonanum Leberbalsam	Sonne	Mai– Oktober	8–60	blau	Hohe Sorten sind auch für den Schnitt geeignet
3. Browallia speciosa Browallie	Halbschatten	ganz- jährig	30–50	blau	Auch in Weiß und Violett zu haben
4. Felicia amelloides Kapaster	Sonne	Mai– Oktober	40	blau	Mehrjährige Pflanze, durch Stecklinge zu vermehren
5. Lobelia erinus Männertreu, Blaue Lobelie	Sonne, Halbschatten	Juni– Oktober	10–30	blau	Verträgt keine Trockenheit
6. Petunie-Hybriden Petunie	Sonne	Mai– September	15–70	blau	In allen Farbtönen, auch zweifarbig zu haben
7. Salvia farinacea Mehl-Salbei	Sonne	Juni– Oktober	30–80	blau	Auch als Schnitt- und Trockenblume geeignet
8. Scalevola saligna Blaue Fächerblume	Sonne, Halbschatten	Mai– November	hängend	blau	Blüht extrem reich, sehr pflegeleicht
9. Viscaria/Lychnis viscaria Pechnelke	Sonne	Mai– Juni	30–50	blau	Auch in Weiß oder Karminrot zu haben
10. Fuchsia-Hybriden Fuchsie	Halbschatten, Schatten	Mai– September	60–100	rot	Alle Farben, auch zweifarbig zu haben
11. Impatiens-walleriana-Hybr. Fleißiges Lieschen	Halbschatten, Schatten	Mai– November	15–60	rot	Braucht viel Wasser, sehr pflegeleicht

Name	Standort	Blütezeit	Höhe in cm	Farbe	Besonderheiten
12. Begonia-elatior-Hybride Freiland-Elatior-Begonie		Mai– November	25–30		Blüht durchgehend bis zum ersten Frost
13. Cuphea ignea Zigarettenblume		Mai– September	30		Braucht warmen Standort, überwintert im Haus
14. Impatiens Neuguinea-Hybr. Springkraut		Mai– Oktober	30–40		Braucht viel Wasser, im Haus ganzjährige Blüte
15. Latana-camara-Hybride Wandelröschen		Juni– September	30–100		Blüten sind mehrfarbig, Farbe verändert sich
16. Lobelia siphilitica Lobelie		Juli– August	60–80		Kann im Haus überwintern
17. Salvia splendens Feuersalbei		Mai– Oktober	15–50		Junge Pflanzen für buschigen Wuchs stutzen
18. Bidens ferulifolia Zweizahn, Goldfieber		April– Oktober	25		Braucht nährstoffreichen Boden
19. Calceolaria integrofolia Pantoffelblume		Mai– September	30–50		Verträgt keine starke Hitze
20. Chrysantenium tenulioba Gelbes Gänseblümchen		Juni– Oktober	20		Braucht durchlässigen sandigen Boden
21. Rudbeckia hirta Rauher Sonnenhut		Juli– September	50–90		Auch als Schnittblume geeignet
22. Sanvitalia procumbens Zwergsonnenblumen		Juni– Oktober	10–25		Auch mit gefüllten Blüten, schnittverträglich
23. Chrysanthemum paludosum Zwergstrauchmargerite		Mai– Oktober	15–25		Blüht sehr reich, wächst buschig
24. Dimorphotheca sinuata Kapkörbchen		Juni– November	15–25		Blüht sehr reich und ausdauernd
25. Impatiens walleriana Fleißiges Lieschen		Mai– September	20–40		Braucht nahrhaften, leicht trockenen Boden
26. Lobularia maritima Duftsteinrich, Steinkraut		April– Sepember	8–40		Blüht nach Rückschnitt zum zweiten Mal

Kalender der Blütengehölze

Eigentlich blühen Gehölze von Neujahr bis Silvester. Schon im Januar öffnen sich die gelben oder roten filigranartigen Blütenbüschel der Zaubernuss, im milden Dezember wird der weiße Blütenschirm einer Schneekirsche als botanisches Wunder bestaunt.

Dass es auch im Garten ständig blühen kann, zeigt dieser Blütenkalender. Abzulesen sind gleichzeitig Blütenfarbe und Duft, ebenso Angaben zur Wuchshöhe wie besonders auffallender Fruchtschmuck. Die angegebenen Sorten stellen nur eine Auswahl aus dem weit größeren Angebot der deutschen Baumschulen dar.

Lavendelheide

Blütezeit — Fruchtschmuck ■

Pflanzenname ( ) = botanisch. zum leichteren Finden in Katalogen	Wuchshöhe [1])	Jan.	Febr.	März	April	Mai	Juni	Juli	August	Sept.	Okt.	Nov.	Dez.	Duft	weiß	gelb	rosa	rot	violett	blau	mehrfarbig
Winterblüte (Chimonanthus)	m	—	—	—										✻		✻					
Vorfrühlings-Schneeball (Viburnum fragrans)	m			—										✻			✻				
Zaubernuss (Hamamelis)	m	—	—	—	—									✻		✻		✻			
Kornelkirsche (Cornus mas)	h			—	—			■	■	■	■	■				✻					
Schneekirsche „Autumnalis" (Prunus subh.[2]))	h	—	—	—	—							—	—		✻						
Seidelbast, Kellerhals (Daphne mezereum)	n			—	—			■	■	■	■			✻			✻				
Stern-Magnolie (Magnolia stellata)	m			—	—									✻	✻						
Japanische Lavendelheide (Pieris japonica)	m			—	—	—									✻						
Zier-Johannisbeere (Ribes)	m				—													✻			
Felsenbirne (Amelanchier)	h				—				■	■					✻						
Judasbaum (Cercis)	h	■	■		—				■	■	■	■	■	✻			✻				
Japanische Zierkirschen (Prunus)	h				—	—											✻				
Tulpen-Magnolie (Magnolia soulangeana)	h				—									✻			✻				
Brautspiere (Spiraea arguta)	m				—										✻						
Forsythie. Goldglöckchen (Forsythia)	m				—	—										✻					
Oster-Schneeball (Viburnum burkwoodii)	m				—	—								✻			✻				
Edel-Flieder (Syringa)	h					—								✻	✻			✻	✻	✻	
Zierquitten, niedrig (Chaenomeles-Hybriden)	n				—	—			■	■	■	■	■				✻	✻			
Japanische Azalee (Azalea japonica)	n				—	—									✻		✻	✻		✻	
Rhododendron-repens-Hybriden	n				—	—	—											✻			
Mandelröschen, Mandelbäumchen (Prunus triloba)	m					—											✻				
Edel-Ginster (Cytisus in Sorten)	n					—								✻	✻	✻		✻			✻
Fingerstrauch (Potentilla)	n					—	—	—	—	—	—	—			✻	✻					
Strauch-Pfingstrose (Paeonia suffructicosa)	n					—	—							✻	✻		✻	✻			
Garten-Rosen	n					—	—	—	—	—	—			✻	✻	✻	✻	✻	✻	✻	✻

Blumenhartriegel

Goldregen

Zierapfel

Blütezeit — Fruchtschmuck ■

Pflanzenname ( ) = botanischer Name zum leichteren Finden in Katalogen	Wuchshöhe [1]	Jan.	Febr.	März	April	Mai	Juni	Juli	August	Sept.	Okt.	Nov.	Dez.	Duft	weiß	gelb	rosa	rot	violett	blau	mehrfarbig
Veredelter Goldregen (Laburnum wat „Vossii“)	h	■	■			—	—			■	■	■	■	*		*					
Japan. Blumenhartriegel (Cornus kousa)	h					—	—							*	*						
Zierapfel (Maulus)	h					—	—			■	■	■	■		*		*	*			
Garten-Azalee (Azalea-Hybriden)	m					—								*	*	*	*	*			
Blumenhartriegel (Cornus florida)	m					—	—		■	■					*						
Gefüllter Ranunkelstrauch (Kerria jap. „Pleniflora“)	m					—	—	—								*					
Feuerdorn (Pyracantha)	m					—	—		■	■	■	■	■		*						
Duftjasmin (Philadelphus)	m					—	—							*	*						
Großblumige Rhododendron	m					—	—							*	*	*	*	*	*	*	*
Kolkwitzie (Kokwitzia)	m					—	—										*				
Nippon-Spiere (Spiraea nipponica)	m						—							*	*						
Weigelie-Hybriden (Weigela)	m						—	—									*	*			
Hohe Deutzien (Deutzia)	m						—	—						*	*						
Chines. Sommerflieder (Buddieia alternifolia)	m						—							*			*				
Perückenstrauch (Cotinus)	m						—									*		*			
Sommer-Tamariske (Tamarix odessana)	m						—										*				
Strauch-Rosen, veredelt	m						—	—	—	—	—	—		*		*	*	*			*
Heide-Tamariske (Tamaix pentandra)	m							—									*				
Rispen-Hortensie (Hydrangea pan. Grandiff)	m							—							*						
Sommerflieder (Buddiera davidn-Hybr.)	m							—	—	—	—			*	*		*	*	*	*	
Strauch-Kastanie (Aesculus parviflora)	m							—							*						
Rosen-Eibisch (Hibiscus)	m							—	—	—	—			*	*		*	*	*	*	*
Doldenspiere Waterer (Spiraea Anth Waterer)	n							—	—	—	—	—						*			
Bartblume (Caryoptens clandonensis)	n								—	—				*						*	
Sommerheide H. E. Beale (Calluna H. E. Beale)	n								—	—							*				

Zeichenerklärung

[1] n = niedrig (höchstens 150 cm) m = mittelhoch (ca. 150–250 cm) h = hoch (über 250 cm)
[2] mit Ausnahme starker Frostperioden

Die schönsten Rosen der Welt

Um Rosen wird ein wahrer Kult getrieben. Ihr Ruf als Königin der Blumen, als Blume der Götter, des Genusses und der Liebe wurde bereits vor Jahrtausenden in der Antike begründet.

Der Erfolg des Kulturgutes Rose beruht auf ihrer unerreichten Wandlungsfähigkeit. Immer waren Rosen auf der Höhe ihrer Zeit. Vergleicht man jedoch die Rosensorten früherer Epochen mit der attraktiven Blütenfülle heutiger Sorten, so fallen deutliche Unterschiede ins Auge.

Die Rose ist ein Gehölz, deren Triebe verholzen, damit sie schadlos die Kälte unserer Winter überstehen. Diese speziellen Eigenschaften der Rose machen sich die Züchter von Schnitt- und Topfrosen zunutze. In Gewächshäusern werden diese Sorten zwölf Monate im Jahr kultiviert – unabhängig von der Jahreszeit. Kordes-Sorten sind allgegenwärtig, zur Freude aller Rosenliebhaber.

Schnittrosen und Kordana-Topfrosen sorgen rund ums Jahr für ein Rosenfest der Superlative. Immer beliebter werden Freiland-Schnittrosen. Im Gegensatz zu ihren „Kollegen" aus dem Gewächshaus stammen diese speziellen Kordes-Sorten von heimischen Feldern.

Kletterrose

Als die Rosen klettern lernten, veränderte sich ihr Leben „von Grund auf". Obwohl Kletterrosen mit einer frohwüchsigen Natur ausgestattet sind, eignen sie sich auch für kleine Gärten. Die Ausmaße an Höhe und Breite eines Strauches lassen sich durch die mehr oder weniger biegsamen bzw. standfesten Triebe spielend lenken. Sie durchweben Rosenbögen, Zäune und Spaliere. Sie erklimmen Pergolen und breiten ihren Blütenmantel wie ein Dach aus. Neugierig überwinden sie Mauern und Balustraden. Einige Sorten bilden straffere, aufrecht strebende Triebe. Damit lassen sich Blütenpyramiden bauen und dornröschenhaft lauschige Rosenlauben. Kaskaden-Rosen, ein treffender Name für Trauer-Rosen, sind auf Stämmen veredelte Kletterrosen. Sie sind ein Stilmittel formalisierter Romantik.

„Harlekin"®

Der Platzbedarf der einzelnen Sorte entspricht ihrer individuellen Wuchsstärke und -form und ist unterschiedlich. Beim Ineinanderwachsen verschiedener Sorten können die Abstände enger gewählt werden. Nicht zuletzt beeinflussen Bodenfruchtbarkeit und Klima Wuchsstärke und Höhe der Kletterrosen und damit den Pflanzabstand. Als Durchschnittswerte gelten: Starkwüchsige Sorten mindestens 2 m, schwachwüchsige Sorten mindestens 1 m Abstand voneinander.

Stammrosen

Stammrosen sind wortwörtlich „Höhe-Punkte": der Duft der Nase nahe, die Schönheit in Augenhöhe, kurzum – ein Symbol für „hoch entwickelte" Gartenkultur. Stammrosen wirken bildbestimmend in repräsentativen, streng architektonischen Anlagen; sie sind jedoch auch in kleinen, natürlicheren Gärten zu Hause. Dort lassen sie sich als „Raumspar-Modelle" z.B. mit Sommerblumen, Stauden oder Rosen unterpflanzen. Im Kübel – neben der Haustür oder auf der Terrasse – ist das zarte Röschen auf zierlichem Stämmchen ein herzlicher Willkommensgruß!

Kaskaden-Rosen werden Kletterrosen auf Stamm genannt. Ihre wunderschönen, hängenden Blütenzöpfe sind eine Augenweide.

Park- und Moosrosen

Legenden und Gedichte erzählen von Tugenden, Leidenschaft und ritterlichen Taten. Betrachtet man die romantischen Illustrationen zu solchen Geschichten, so handelt es sich oft um dicht gefüllte, rundliche Rosenblüten in zartem Rosa oder Rot. Parkrosen sind die Solisten unter den Rosen. Sie dürfen sich frei entfalten und sind von allen Rosen am meisten ein Stück Natur, ein Stück Landschaft. Der Name „Park-Rose" hat sicher etwas mit dem generösen Flair dieser Ziersträucher zu tun, das sie am besten mit etwas „Luft" um sich herum entfalten. Eingezwängt in eine dichte Hecke erstickt ihre Schönheit.

Strahlendweiß und dottergelb: „Nevada"

An den Moosrosen sind auffällig die verzweigten moosigen Kelchblätter. Als abgeschlossene Knospe umfangen sie die Blütenblätter, geöffnet ruht auf ihnen die Pracht der zarten Blüten. Sie gilt als die „Mutter" allen Rosenduftes, der schon nach einmaligem Genuss unvergessen bleibt.

Strahlendes Leuchten eines Sonnenkindes: „Friesia"®

Ein frisches Rosenfrüchtchen: „Aprikola"®

Beetrosen

Im Jahre 1865 entdeckte der englische Pflanzensammler R. Fortune in Japan eine kleine Rose. In Europa wurde sie mit höheren Rosen gekreuzt. So beginnt die Geschichte der vielblütigen Polyantha-Rosen. Fast 50 Jahre später schlägt die Geburtsstunde der Floribunda-Rosen. Svend Poulsen, ein Däne, entschloss sich, frosthärtere Sorten zu züchten, die außerdem in den kurzen Sommern ein Maximum an Blüten hervorbringen sollten. Im Reichtum der Farben wetteifern Polyantha-Rosen mit der Fülle der Edelrosen. Polyantha- und Floribunda-Rosen wirken großzügig als Fläche oder setzen Akzente in kleinen Gruppen. Einige Floribunda-Rosen halten sich recht lange in der Vase. Ihre natürliche Ausstrahlung lässt sich im Strauß wie im Beet gut mit bunten Stauden kombinieren.

Immer eine prachtvolle Kulisse: „Schneewittchen"®

Strauchrosen

Ein warmer, dunstiger Juniabend – die richtige Zeit für einen Spaziergang durch den Rosengarten. Genau genommen sind alle Rosen Sträucher, unter Strauchrosen versteht man jedoch die großen Schwestern der Beet- und Edelrosen. Sie werden höher und breiter, ihre starkwüchsigen Sorten werden an günstigen Standorten bis zu 2 m hoch!

Märchenhaftes „Schneewittchen"®

Im Garten sind Strauchrosen bei Ziersträuchern in der besten Gesellschaft. Doch nimmt es kein anderer Zierstrauch mit der lang dauernden Blütenfülle der Strauchrosen auf, geschweige denn mit ihrem Duft. Zauberhaft wirken ihre „Blütenberge" vor der Kulisse dunkler Nadelhölzer oder als Farbtupfer in Garten-Nischen. Kleinstrauchige Sorten sind für solche Farbakzente ideal. Als undurchdringliche und dennoch locker wirkende Hecke schützen sie einerseits vor ungebetenen Gästen. Andererseits geben sie ihren willkommenen Gästen,

Lichtblick am Wegesrand: „Lichtkönigin Lucia"®

Dem Blütenberg ins Auge geschaut: „Angela"®

Infos: W. Kordes Söhne Rosenschulen
Rosenstraße 54
D-25365 Klein Offenseth-Sparrieshoop
Tel. +49 (0) 41 21/48 70-0 • Fax 8 47 45
E-Mail: Kordes-Rosen@t-online.de
www.kordes-rosen.de • www.gartenrosen.de

Holz für Plätze, Wege und Stege

Bodenbeläge aus Holz auf Terrassen und Gartenwegen sind angenehm, attraktiv und pflegeleicht. Sie sind nie fußkalt und trocknen nach einem Regenguss rasch wieder ab.

Holzpflaster ist ein idealer Belag für Gartenwege und Terrassen. Seine aufgelockerte Struktur bietet besonders dann ein reizvolles Bild, wenn z.B. Ränder mit kriechenden Pflanzen eingewachsen sind. Kantholz- und Rundholzpflaster wird zum Teil in vormontierten Einheiten angeboten.

Wie Sie Bodenholz fachgerecht verlegen

Verlegung auf Erdreich

1. Luftschicht
2. Edelstahlschrauben
3. Bodenholz
4. Pfosten
5. Schlacke
6. Erdreich
7. Fundament 150 x 150 x 600 mm

Kesseldruckimprägniertes Holz kann problemlos ständigem Erdkontakt ausgesetzt werden.

Man verlegt das Holz in ein Sand-Kies-Bett, das für ausreichende Drainage sorgt, und schlämmt feinen Sand in die Fugen. Bei der Verlegung von Bodenholz auf vorhandenen, ebenen Flächen, Platten, Fliesen etc. genügt eine Unterkonstruktion aus Bodenholz im Abstand von ca. 60–80 cm.

Decks sind fest eingebaut und bestehen aus Kanthölzern, Brettern und Latten. Sie können an Hanglagen in Stufen dem Gelände angepasst werden. Der Belag selbst ist auf Abstand montiert, sodass Staub durchfallen und Luft zirkulieren kann. Quadratische Bodenroste werden schachbrettartig verlegt und können bei Bedarf leicht wieder aufgenommen werden.

Holzroste eignen sich besonders für die Schwimmbeckenumrandung, als Platz zum Sonnenbaden, als Bodenbelag rund um den Sandkasten oder für Dachgärten und Dachterrassen.

*A*ttraktive Beläge für Wege und Terrassen

Ob man sich auf einer Terrasse wohl fühlt oder nicht, hängt sehr davon ab, für welchen Belag man sich entschieden hat. Hier stellen wir Ihnen eine Auswahl von 24 Materialien vor.

Holz bringt eine warme, südliche Stimmung in den Garten, Beton dagegen wirkt viel kühler. Welches Material ist nun das richtige? Es sollte in irgendeiner Beziehung zum Haus passen. Steinmaterial, also Platten und Pflaster aus Naturstein und Beton, lassen sich in sehr vielfältiger Weise miteinander kombinieren. Eine sehr schöne und zugleich preiswerte Kombination ist zum Beispiel folgende: graue Betonplatten mit Rasterstreifen in 20 bis 30 Zentimeter Breite aus Granitkleinpflaster. Der Reiz eines solchen Belages liegt in dem Wechsel der großformatigen Platten (75 x 50 oder 50 x 50) und der kleinen Pflastersteine. Originell und lebendig kann es aber auch wirken, wenn man nur ein Material in unterschiedlicher Größe oder in mehreren Farben verwendet.

Abb. links: Eine elegante Verbindung aus Klassik und Avantgarde ist dieser besonders ansprechende Stein „TESCADO".

Infos unter: beton braun GmbH
Hauptstraße 5–7 • D-73340 Amstetten
Tel. +49 (0) 73 31/30 03-0 • Fax 30 03-66
E-Mail: info@braun-ideen-aus-Stein.de
www.braun-ideen-aus-Stein.de

Außer den Überlegungen über Formate, Farben und Qualität spielt auch der Preis eine große Rolle. Die Unterschiede sind naturgemäß ganz erheblich. Deshalb lohnt sich ein gründlicher Vergleich.

1. Betonverbundsteine

Betonverbundsteine (uni) bekommt man in dem gezeigten Rot und Schwarz, aber auch in Zementgrau, Weiß und Colormix. Das Verlegen auf ein verdichtetes Sandbett ist (für Fachleute) sehr einfach. Durch Verwendung mehrerer Farben lassen sich große Flächen (Terrasse, Garageneinfahrt) gut gliedern. Das Pflaster wirkt nicht individuell, eher industriell.

2. Terrakotta-Platten

Terrakotta-Platten (Il Ferrone) strahlen sommerliche Wärme aus. Der Farbton ist sehr angenehm, das Material mit der gebürsteten Oberfläche ist Ausdruck handwerklicher Kunst. Man erhält sie in quadratischen Formaten mit 20, 30 und 40 cm Seitenlänge. Der Unterbau ist leider aufwendig; es sind 15 cm starker Magerbeton (1:10) und eine 15 cm starke Betondecke mit Stahlmatten erforderlich. Verlegt werden die Platten in ein 3 cm starkes Mörtelbett.

3. Holzfliesen

Holzfliesen werden die quadratischen Felder genannt. Damit lassen sich ganz leicht Terrassen und Wege verlegen. Es genügt ein 10 cm starkes Sandbett. Besser ist es, wenn man die Holzfliesen auf Holzbalken aufschraubt. Das handlichste Maß: 60 x 60 cm. Man bekommt es aber auch in vielen anderen Formaten. Das Material: salzdruckimprägniertes Kiefernholz mit garantierter Haltbarkeitsdauer.

4. Holzpflaster

Holzpflaster wird seit einiger Zeit (auf Platten montiert) angeboten. Das macht die Verlegearbeit einfach. Das Material: druckimprägniertes Lärchenholz (9 cm stark) mit Haltbarkeitsgarantie. Die Fugen werden nach dem Verlegen mit Pflastersand gefüllt. Seitenlänge der dreieckigen Platten: 50 cm.

Wenn Sie sich eine außergewöhnliche, natürliche Bodengestaltung wünschen, treffen Sie mit MEGANO die richtige Wahl!
Abb.: Brügmann TraumGarten

5. Waschbetonplatten

Waschbetonplatten gibt es in einer fast unbegrenzten Anzahl von Farben. Das hängt von den regional sehr verschiedenen Kiessorten ab. Harmonischer fügen sich meist die Naturfarben ein. Übliche Formate sind 50er Maße: 25 x 25, 50 x 50, 75 x 50 cm; und 40er Maße: 20 x 40, 40 x 40, 60 x 40 cm. Die Stärken: 5 cm für Terrassen, 7 cm für befahrbare Flächen.

In unserem „Mustergarten“ sind zwei Dutzend Materialien versteckt, die sich für Terrassen und Wege bewährt haben. Wandern Sie hindurch! Vielleicht finden Sie das Passende für sich.

In unserer Auswahl ist für jeden Geschmack etwas dabei. Wählen Sie das richtige Material für sich aus. An Hand der Ziffern können Sie sich über die einzelnen Materialien informieren

6. Pflasterstein-Struktur-Platten

Pflasterstein-Struktur-Platten sehen wie echtes Mosaikpflaster aus Naturstein aus. Es sieht aber nur so aus, denn es handelt sich um einen Abguss aus Beton. Eine gelungene Variante für Terrassen. Die 50 x 50 cm großen Platten gibt es in dem abgebildeten Boden- oder auch geradlinigem Pflastermuster. Durch Mischung der Platten entstehen schöne Ornamente. Farben: Hellgrau, Rot und Anthrazit.

7. Cotto-Platten

Cotto-Platten sind ein klassischer Belag für südliche Terrassen. Die achteckigen Platten ergeben zusammen mit den quadratischen Stücken ein zeitlos schönes Muster. Fragen Sie, ob die Platten sicher sind.

8. Theumaer-Schiefer

Theumaer-Schiefer mit der spaltrauen Oberfläche und gesägten Kanten macht sich gut zu allen graufarbigen Steinen. Man bekommt ihn in fast allen Größen. Hier ist er in 30 cm breiten Bahnen in verschiedenen Längen zu sehen.

9. Flammet-Quarzit

Flammet-Quarzit wirkt so ähnlich wie Schiefer, nur glänzender. Solche großformatigen Rohplatten fallen ganz unterschiedlich aus. Wichtig: Bei Bestellungen muss man eine Mindestgröße vorschreiben.

10. Ibbenbürener Sandstein

Ibbenbürener Sandstein ist wie die meisten Sandsteinarten zart gemasert. Am häufigsten wird er in unregelmäßigen polygonalen Plattenformaten verlegt.

11. Öland-Kalkstein-Platten

Öland-Kalkstein-Platten werden in verschiedenen Größen angeboten. Hier sind die Bahnen 30 cm breit. Die Kombination mit kleinformatigem Material wie Klinkern bietet sich an.

12. Langensalzaer Travertin

Langensalzaer Travertin ist nicht sehr kräftig gefärbt. Die zahlreichen Öffnungen, gerade für Travertin typisch, sind nicht zugespachtelt. Bodenplatten, 4 cm stark, gibt es in mehreren Breiten, hier 30 cm breit.

13. Granit-Platten

Granit-Platten kann man in allen gewünschten Maßen bekommen. Am häufigsten sind rechteckige Platten, die gut in Verbindung mit anderen grau- oder anthrazitfarbenen Steinen verwendet werden können.

14. Beton-Pflastersteine

Betonsteine sind gegossene Steine, die in Farbe und Format wie gebrannte Klinkersteine aussehen. Die preisgünstigere Herstellung macht dieses Material interessant. Außerdem bildet sich auf den Steinen kein Moos, wie es bei einem Klinker der Fall sein kann. Es werden die Farben Rot, Braun, Gelb und Lederfarben angeboten. Außerdem ein kleineres Format: 10 x 20 cm.

15. Kunststeinplatten mit Naturstein-Muster

Kunststeinplatten mit Natursteinmuster (Fribola) sind eine Kopie von Sandstein in den Farben Rot, Gelb, Grau und Anthrazit. Auf den ersten Blick erkennt man kaum den Unterschied zum Original-Sandstein.

16. Kieselbelag

Kieselbelag wird in seltenen Fällen verwendet. Man benötigt dafür sehr flache Steine. Zu diesem Zweck werden die Steine auch in der Mitte gespalten. So erzielt man eine glattere Oberfläche.

17. Granit-Pflaster

Granit-Pflaster ist ein vielseitiges Material. Man bekommt es in drei Größen neu und auch gebraucht (mit glatter Oberfläche). Kleinpflaster wird besonders gern verwendet, weil es einen schönen Kontrast zu Plattenformaten bietet. Auch Mosaik-Pflaster (etwa 4 x 6 cm groß) lässt sich gut einsetzen. Das Großpflaster mit Abmessungen von 15 bis 25 cm ist etwas für rustikale Plätze, weil die Oberfläche sehr unregelmäßig ist. Pflaster wird nach Tonnengewicht gehandelt.

18. Pflaster-Klinker

Pflaster-Klinker (Stradalit) aus gebranntem Ton gibt es in vielen Farben und Formaten. Die Oberfläche ist glatt, besandet oder „handgestrichen“. Die Farben: in vielen Varianten – Rot, Braun, Ocker, Blau-Bunt. Klinker können in ein Sandbett verlegt werden.

19. Rundpflaster-Verbundsteine

Rundpflaster-Verbundsteine (Rondo) gibt es als einzelne runde Steine in 7, 9 und 11 cm Durchmesser und neuerdings auch als Verbundstein. Da sitzen sechs Steine zusammen, was die Verlegearbeit wesentlich vereinfacht.

20. Tri-6-Steine

Tri-6-Steine sind anspruchslose Betonsteine. Sie bestehen aus drei aneinander gefügten Sechsecken, die an der Oberfläche in Kreisform übergehen. Das universell verwendbare Material gibt es in drei Farben.

21. Mahagoni-Belag

Mahagoni-Belag zählt zu den schönsten Materialien. Es gibt Terrassen einen Hauch von Eleganz und Wärme. Man kann ihn alle zwei Jahre mit einer Lasur auffrischen.

22. Bongossi-Holz

Bongossi-Holz ist eines der härtesten Materialien. Es ist schwer zu bearbeiten, aber unbegrenzt haltbar. Als Terrassenbelag sollten die Bretter etwa 10 cm breit und 3 cm stark sein.

23. Schwellen

Schwellen kann man gebraucht von der Bundesbahn kaufen. Da sich ihr Format (2,50 lang, 25 x 15 cm stark) gut in einen Garten einfügt, werden sie auch neu angeboten. Diese Schwellen bestehen aus druckimprägniertem Kiefernholz (auf gesundheitsgefährdende Behandlung achten).

24. Druckimprägniertes Kiefernholz

Druckimprägniertes Kiefernholz ist der preiswerteste Belag für Terrassen aus Holz. Wegen der Vorbehandlung ist es nahezu unbegrenzt haltbar. Lasuren jeder gewünschten Farbe verleihen dem Holz jede beliebige Nuance. Unbehandelt verwittert die grünliche Farbe nach etwa einem halben Jahr.

Diese attraktiven Steinplatten eignen sich hervorragend für eine moderne Gartengestaltung. Pallas-Platten MONTALBANO und TAVIANO (Stufen als Sonderanfertigung). Abb.: Metten Stein + Design

Natursteine für Wege, Treppen und Terrassen

Wer das Glück hat, einen Garten zu besitzen – und sei er noch so klein – sucht unentwegt nach Möglichkeiten, aus diesem Stückchen Natur noch mehr zu machen.

Und diese Suche erschöpft sich beileibe nicht in der Anlage von kleinen oder großen Rasenflächen, Gestaltung von Rosen- und anderen Blumenbeeten oder dem Bau von Sitzgelegenheiten für den Platz an der Sonne.
Im Gegenteil, viele wünschen sich den letzten Pfiff, den so ein Garten braucht, um noch hübscher auszusehen.
Und da die herkömmlichen Platten und Stege manchem zu langweilig erscheinen, kommen immer mehr Hobbygärtner darauf, dass in das kleine Stückchen Natur eben noch mehr Natur gehört.
Hier geben wir Ihnen einige Beispiele für Natursteine, die Ihren Garten noch naturnäher gestalten.
Natursteine, gepflasterte Gartenwege, gesetzte Treppen und rustikale Randbefestigungen zaubern ein Gartenbild, an dem Sie täglich immer wieder Ihre Freude haben werden. Freilich, Natursteine sind nicht überall zu bekommen, aber gerade in den letzten Jahren hat sich der Trend dahin so verstärkt, dass schon einige Anbieter auf dem Markt sind.

Abb. oben: Gartenwege aus Granitsteinen machen aus Ihrem Garten auf natürliche Weise etwas Besonderes. Mit Stufen überwinden Sie leicht kleine Höhenunterschiede.

Beetbegrenzung und Gehweg zugleich

Beetbegrenzung und Gehweg zugleich wurden hier aus rustikalen Ziegelsteinen angelegt. Setzt man die Steine nicht zu eng aneinander, befallen Moos und Gräser die Fugen und kaschieren die strengen Linien.

Verlegetipp

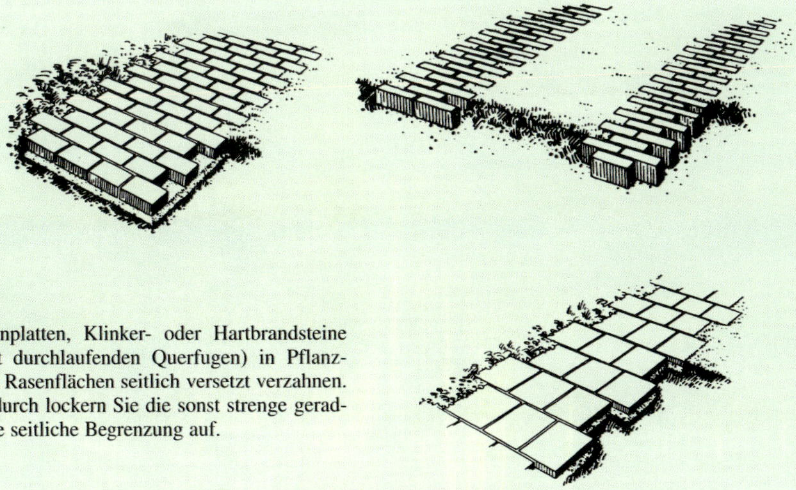

Steinplatten, Klinker- oder Hartbrandsteine (mit durchlaufenden Querfugen) in Pflanz- und Rasenflächen seitlich versetzt verzahnen. Dadurch lockern Sie die sonst strenge geradlinie seitliche Begrenzung auf.

Der leichte Versatz und das diagonale Verlegemuster geben diesem Steingefüge einen besonderen Reiz.

Fast nur Natur: Gartentreppen

Kleine Treppenläufe lassen sich auch ohne frostsichere Fundamente erstellen, vor allem, wenn Blockstufen verlegt werden. In solchen Fällen genügt es, wenn man den Untergrund befestigt und die Stufen mit der Wasserwaage sauber verlegt. Bei lockerem Untergrund ist es ratsam, ein etwa 20 cm starkes Fundament mit Baustahlgewebe über den ganzen Treppenlauf einzubauen.

Unregelmäßige, nur an ein oder zwei Kanten behauene Steine müssen sorgfältig zu Stufen zusammengefasst werden. Die Tritthöhe sollte ca. 18–19 cm betragen.

Alte Bordsteine, Schieferplatten oder bearbeitete Sandsteine kann man einfach in den Hang zu einer Treppe mit flacher Neigung eingraben und einwachsen lassen. Bei festem Boden kommt man ohne Anlage eines Kiesbettes aus.

Naturstein-Blockstufen mit polygonalen Wegeplatten aus bruchrauen Schichtsteinen sollten nicht unter 4 cm stark sein. Die oberen Blockstufen liegen auf den unteren auf. Der Boden unter den Stufen ist vorher fest gedammt. So erzielen Sie eine unregelmäßig verlaufende Begrenzung gegen Pflanz- und Rasenflächen.

Solch großformatige Steine sind wohl nur aus einem Abbruch erschwinglich. Ausgelegt werden können sie auf dem gewachsenen Boden, der stufenartig ausgegraben wird.

Zwei Mühlsteine reichten zur Anlage einer ganzen Treppe nicht aus, deshalb sind hier drei weitere Stufen aus Pflastersteinen dazugebaut worden.

Verlegetipps

Die zugespitzten, 6–8 cm starken Pfähle werden etwa 30 – 40 cm tief eingeschlagen, dahinter die vorher zurechtgeschnittenen, 5 – 7 cm starken Querhölzer eingelegt.

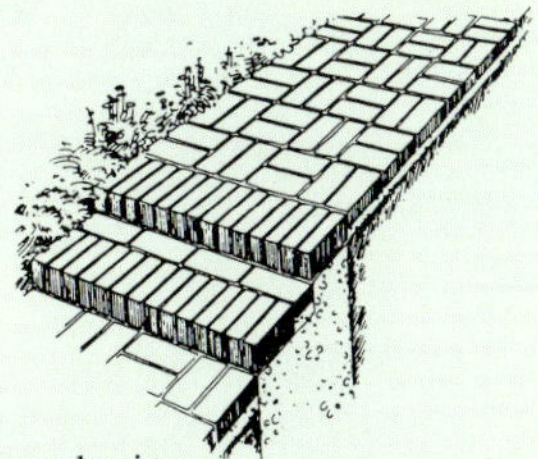

Klinker- oder Hartbrandsteine als Rollschicht für Stufen, flach als Wegebelag, trocken auf 3 cm Sand verlegt. Stufenverhältnis 13 x 40 cm.

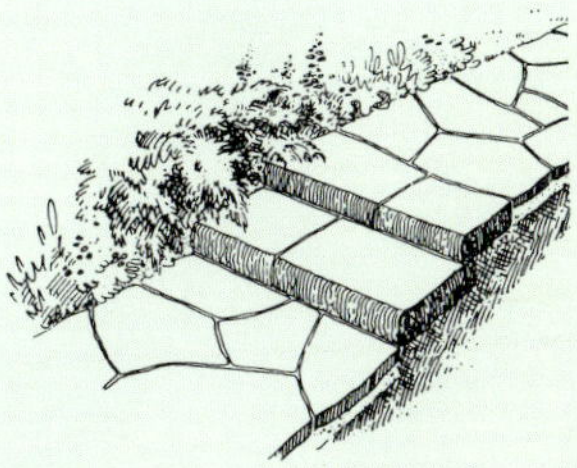

Natursteinblockstufen mit Wegeplatten aus bruchrauen Schichtsteinen (nicht unter 4 cm stark). Die oberen Blockstufen liegen auf den unteren auf. Der Boden muss vorher verdichtet werden.

Abb. oben: Eine besonders attraktive Steinlandschaft mit Steinstufen

Abb. links: Diese aus Birkenholzstämmen gefertigten Stufen passen sich wunderbar in die Landschaft ein.

Infos unter:
Kittenberger Erlebnisgärten
Laabergstraße 15
A-3553 Schiltern/Langenlois
Tel. +43 (0) 27 34/82 28-0 • Fax 82 28-20
E-Mail: office@kittenberger.at
www.kittenberger.at

Pflasterklinker geben Flächen Charakter und Funktion

Pflasterklinker sind ein natürlicher Bau- und Gestaltungsstoff – Ästhetik und Funktion aus Ton gebrannt.

Ihr Flächenverhalten ist fließend schön und harmonisch. Maßhaltigkeit, Langlebigkeit und Farbbeständigkeit sind funktionale Konstanten für eine Befestigung von befahr- und begehbaren Flächen.

Eine reizvoll gestaltete Terrasse; die Blumeninsel ist eine willkommene Abwechslung in der großen Fläche.

Hart im Nehmen und ganz schön belastbar: Pflasterklinker

Abwechslungsreiche Verlegemuster und die natürlichen Farben des gebrannten Tons machen auch die kleinste Fläche im Garten lebendig und liebenswert.
Pflasterklinker sind nicht nur schön, sondern auch völlig unempfindlich gegen Witterungseinflüsse. Sie sind und bleiben absolut farbecht und behalten ihre natürliche Schönheit.

Die Terrasse mit den Farben der Natur gestalten

In der warmen Jahreszeit wird die Terrasse zum zentralen Refugium, zum Ort der Erholung und Geselligkeit zugleich. Sie schafft die Anbindung vom Innen- zum Außenbereich, vom Wohn- zum Gartenbereich. Die Terrasse leitet die Architektur des Hauses weiter in den Garten, sie vereint Gebautes mit Gewachsenem. Als stille Verbindungsebene wird sie zur Oase. Eine klar strukturierte Grundfläche sorgt für Ausgeglichenheit. Ein natürliches Gestaltungsmaterial holt die Natur näher an Ihren Wohnraum.

Pflasterklinker – Natur in Ton gebrannt

Pflasterklinker schaffen einen sensiblen Dialog zwischen Innenraum und Natur. Die vitalisierende Ausstrahlung beruht auf dem natürlichen Baustoff: reiner gebrannter Ton. Seine nuancenreiche Farbreihe verleiht der Fläche eigenständigen Charme und Abwechslung. Die keramischen Farben der Pflasterklinker sind ein Abbild der natürlichen Tonmischung, ohne jede Chemie. Das leuchtende Rot wird durch den Eisengehalt bestimmt, der Kalziumanteil im Ton kreiert gelbbunte Klinker und der Sauerstoffgehalt beim Brennprozess bewirkt den bläulichen Schimmer. Dank ihrer Naturfarben sind Pflasterklinker – im Gegensatz zu nachträglich eingefärbten Kunststeinen – witterungsbeständig und dauerhaft farbecht, auch bei intensiver Sonneneinstrahlung südseitig gelegener

Terrassen. Die warmen, natürlichen Farben lassen sich ideal in die individuelle Wohnumfeldgestaltung integrieren. Das kräftige Rot bildet einen lebendigen Kontrast zum ruhigen Grün der Bepflanzung, die keramischen Farben lassen Blüten noch stärker leuchten und ergänzen sich harmonisch mit Holz oder Naturstein.

Infos unter:

Arbeitsgemeinschaft Pflasterklinker e.V.
Schaumburg-Lippe-Straße 4 • D-53113 Bonn
Tel. +49 (0) 228/9 14 93-31 • Fax 9 14 93-28
E-Mail: rosen@ziegel.de
www.pflasterklinker.de • www.ziegel.de

Röben Tonbaustoffe GmbH
Postfach 12 09 • D-26330 Zetel
Tel. +49 (0) 44 52/88-0 • Fax 88-2 45
E-Mail: roeben@roeben.com
www.roeben.com

Anregungen von unterschiedlichen Verlegungsarten

Fischgrätverband mit Bischofsmütze

Diagonalverband

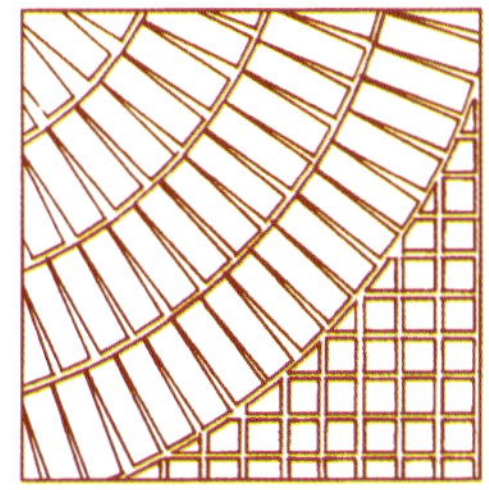

Pflasterklinker-Rundformen mit Mosaikpflaster

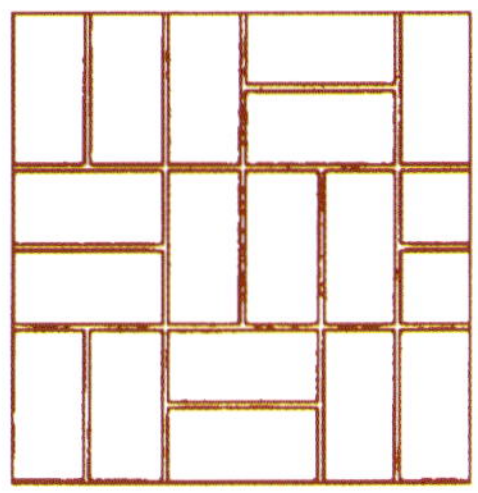

Block- und Parkettverband

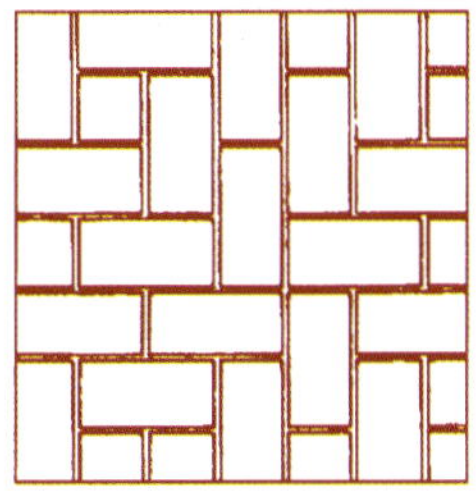

Mittelsteinverband, Mittelbildung mit halben Steinen

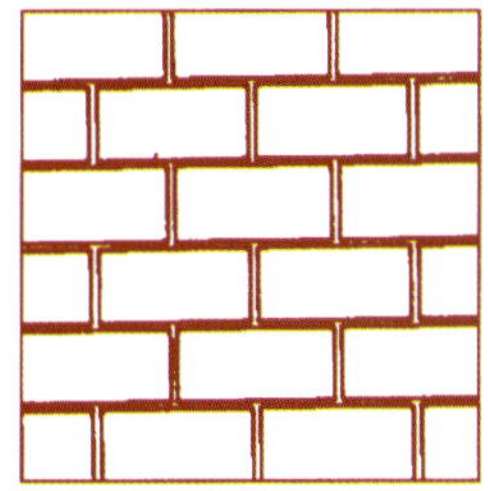

Läuferverband

Quadratbildung mit Mittelsteinverband bei hochkant verlegten Klinkern

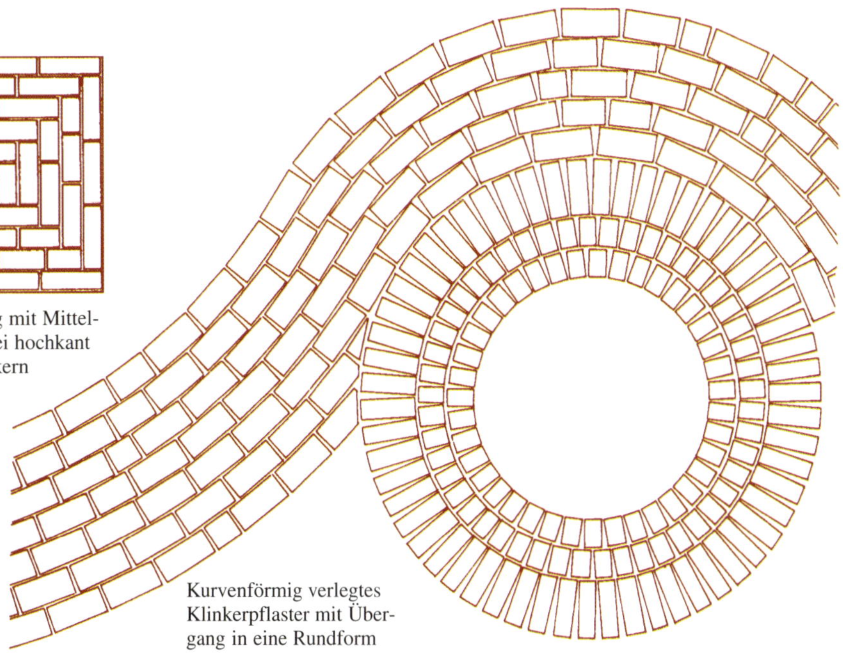

Kurvenförmig verlegtes Klinkerpflaster mit Übergang in eine Rundform

Reportage einer Pflasterklinker-Verlegung

1. Auf den Untergrund wird eine Ausgleichsschicht (zum Beispiel Kies-Sand-Gemisch) aufgebracht.

2. Mit Fluchtstangen und -schnüren werden die Höhe und ein Gefälle festgelegt.

3. Die Randeinfassung kann engfugig oder mit Mörtelfuge auf die Betonunterlage versetzt werden.

4. Nach Fertigstellung der Randeinfassung wird eine weitere Tragschicht eingebracht und verdichtet.

5. Als Pflasterbett kommt in diesem Fall Splitt mit einer Korngröße von 2–5 mm zum Einsatz.

6. Das Bettungsmaterial wird verdichtet. So erhält der Pflasterklinker eine bessere Lagerfläche.

7. Liegen die Lehren auf Höhe (Gefälle nicht vergessen!), wird die Bettung mit einer Latte abgezogen.

8. Mit Hilfe einer Schnur wird der Verband unter Beachtung eines Fugenabstands ausgerichtet.

9. Schräg verlaufende Anschluss-Schmiegen werden mit einer Steinsäge zurechtgeschnitten.

10. Die Verlegerichtung ist immer vor Kopf, damit die abgezogene Fläche nicht zerstört wird.

11. Das Material für die Fugen ist feiner als das der Bettung und wird unter Wasserzugabe eingefegt.

12. Zum Schluss verdichten, noch mehrmals mit Fugenmaterial bestreuen und die Terrasse ist fertig.

Zäune und Tore — Schmuck und Schutz für Ihr Anwesen

Ein attraktiver Zaun kann die Reize Ihres Gartens betonen wie ein passender Bilderrahmen. Hier ein klassischer graziler Staketenzaun von COUNTRY GARDEN.

Zäune sind vielseitig verwendbar. Hohe Holzzäune können mauerähnliche Barrieren bilden, die Intimität und Schutz gewährleisten, jedoch gegenüber Mauern den Vorteil haben, dass sie preiswerter, einfacher zu errichten und leichter sind. Offene Zäune oder Spaliere werden oft aus dekorativen Gründen errichtet oder um Mauern zu erhöhen.

Andere Arten von Zäunen eignen sich als Grenzmarkierungen, die – statt eine undurchdringliche Barriere zu bilden – Ausblicke bieten und den kleine Gärten geräumiger erscheinen lassen. Zäune können abgeschlossene Bereiche schaffen, interessante Aussichten oder Elemente einrahmen oder Kletterpflanzen und kriechende Gewächse auf dekorative Weise stützen.

Es gibt viele unterschiedliche Zauntypen. Empfehlenswert sind fertige Zaunsysteme, die im Handel angeboten werden. Sie haben zumeist ein gutes Preis-/Leistungsverhältnis und sind relativ leicht aufzustellen. Abhängig von Höhe und Form eines Zaunes und dem verwendeten Material kann die Wirkung klar und architektonisch oder natürlich und rustikal wirken. Die Wahl wird davon abhängen, welcher Art die Begrenzung sein soll und welche Farben und Strukturen andere im Garten vorhandene Materialien, wie Ziegelsteine,

Beton, Holz oder Metall, haben. Ein Zaun sollte seinem Zweck ebenso gerecht werden und zur Umgebung passen. Ein schwarzes Spalier beispielsweise wäre eine geeignete Abschirmung für einen Essbereich mit sparsamer Bepflanzung und modernen schwarzen Möbeln, während ein einfacher hölzerner Lattenzaun eine schlichte, dekorative Grenze zwischen einem kleinen Stadtgarten im ländlichen Stil und der Straße bilden würde (s.o.)

Die Natur bot schon immer beste Materialien für den Bau von Zäunen.
Hersteller: re-natur GmbH, Ruhwinkel

Endlich gibt es sie wieder. Diese Naturzäune (Weide, Lärche, Kastanie) werden nach alten Techniken hergestellt..
Hersteller: re-natur GmbH, Ruhwinkel

Die hohe Qualität und Schönheit dieses Zaunes besticht durch ihre Anpassungsfähigkeit an das Umfeld. Hersteller: Peters + Peters, Kaltenkirchen

Achten Sie darauf, dass der Zaun für ein kleines Grundstück nicht zu wuchtig, zu groß ist.

Bei der Auswahl Ihres Zaunes sollten Sie darauf achten, dass Sie den Stil Ihres hauses und Gartens sowie die Dimensionen Ihres Areals berücksichtigen.

Kunststoff passt sich z.B. in städtische Umgebungen besser ein als in ländliche und bedarf praktisch keiner Pflege. Metallzäune oder Maschendrahtgitter sind meist kunststoffummantelt. Sie sind eine kostengünstige Alternative. Sie können an Pfosten aus Metall, Beton, Holz oder an einem Rahmen befestigt werden. Holzzäune gibt es passend für jeden Zweck und jede Umgebung. Mit Ausnahme von speziellen Holzarten, muss von Zeit zu Zeit mit einem (umweltfreundlichen) Holzschutzmittel behandelt oder imprägniert und nachgestrichen werden, damit es nicht verrottet. Holz kann auf die Dauer faulen, wenn es in direkten Kontakt mit dem Boden kommt, deshalb sollten Holzpfosten in eine Metallhalterung und die wiederum in ein Betonfundament gesetzt werden.

Abb. oben: Wer eine ästhetischen Anspruch mit Sicherheitsaspekten verbinden möchte, ist mit dem neuen Zaunsystem Bekavor Prestige gut beraten. Die elegant geschwungene Gittermatte ist nicht nur stabil, sie bietet auch ein innovatives Design in Form und Farbe. Hersteller: Bekaert

Abb. unten: Ob klassisch, rustikal oder modern, dem Spiel mit Farbe und Form sind bei „Kömterra" keine Grenzen gesetzt. Das Programm gibt es in Weiß oder in täuschend echt aussehender Holzoptik. Hersteller: Kömmerling Kunststoff GmbH, Pirmasens

Ein Tor- und Zaunsystem aus Kunststoffprofilen, mit einer Beschichtung aus Polyrethan-Acrylbasis. Ein stoß- und kratzfestes Material, das leicht zu reinigen ist.

LONGLIFE – Der Name ist Programm für diesen Zaun aus Fensterkunststoff. Er bleibt jahrelang weiß, ohne Anstrich. Hersteller: Brügmann Traumgarten

Anhalten, aussteigen, Tür öffenen, einfahren, anhalten, Tor schließen! Diese lästige Prozedur hat ein Ende mit dem elektrischen Torantrieb. Das Tor können Sie komfortabel mit einem Handsender bedienen. Hersteller: Hörmann

Infos unter:

Bekaert Deutschland GmbH
Postfach 67 • D-41364 Schwalmtal/Ndrh.
Tel. +49 (0) 21 63/3 39-0 • Fax 3 39-2 25
E-Mail: melanie.brand@bekaert.com
www.bekaert.com/mp

Brügmann TraumGarten GmbH
Kanalstraße 80 • D-44147 Dortmund
Tel. +49 (0) 2 31/99 86-0 • Fax 99 86-2 89
E-Mail: traumgarten@bruegmann.de
www.dream-garden.de

Hörmann KG Verkaufsgesellschaft
Postfach 1261 • D-33792 Steinhagen
Tel. +49 (0) 5 2 0 4/9 15-0 • Fax 91 53 41
E-Mail: info@hoermann.de • www.hoermann.com

Kömmerling Kunststoff GmbH
Zweibrücker Str. 200 • D-66954 Pirmasens
Tel. +49 (0) 63 31/56-0 • Fax 56-21 96
E-Mail: info@koemmerling.de
www.koemmerling.de • www.profile.de

Peters + Peters GmbH
Boschstraße 7 • D-24561 Kaltenkirchen
Tel. +49 (0) 41 91/88 00-1 • Fax: 8 82 07
E-Mail: info@friesenzaun.de
www.friesenzaun.de

re-natur GmbH
Charles-Roß-Weg 24 • D-24601 Ruhwinkel
Tel. +49 (0) 43 23/90 10-0 • Fax 90 10-33
E-Mail: info@re-natur.de • www.re-natur.de

Strahlend weiße Gartenelemente

Auch klassische Formen lassen sich mit den Vorteilen moderner Fenster-Kunststoffe kombinieren.

Zäune sind mehr als nur Abschirmobjekte, die das Haus vor Eindringlingen oder Neugierigen schützen – sie sind praktisch die Visitenkarte des Grundstücks. Allerdings, weiß lackierte Zäune, wie sie heutzutage „in“ sind, werden rasch unansehnlich. Sie kommen kaum ohne ständige Pflege und Nachanstriche aus. Brügmann TraumGarten hat ein LONGLIFE-Zaunsystem entwickelt, bei dem es diese Probleme nicht mehr gibt: Sämtliche Felder, Abtrennungen, Pfosten und Tore bestehen aus einem weißen Fenster-Kunststoff, der sich bei der Produktion von über 6 Millionen Fensterprofilen hervorragend bewährt hat. Das Material ist extrem langlebig, witterungsbeständig, frost- und wärmestabil sowie durch und durch dauerhaft weiß.

Weiße Zäune

Mittlerweile umfasst das strahlend weiße LONGLIFE-Programm zahlreiche Positionen von Zaunfeldern und Rundbögen in mehreren Höhen bis hin zu Rankgittern, Pfostenbefestigungen und Beschlägen.

Der Frühjahrsputz geht kinderleicht von der Hand. Einfach mit warmen Wasser und etwas Geschirrspülmittel abwaschen.

Unser Tipp:

„Ecklösungen“ sind nicht nur optisch reizvoll, sie stabilisieren zusätzlich Ihre gesamte Zaun-Anlage.

Der Stolz eines jeden Hausbesitzers: Haus, Vorgarten und Vorgarten-Zaunanlage bilden eine harmonische Einheit und wirken einladend schön.

Kombinieren Sie: Zaunelemente der ROMO-Serie mit Pergola-Elementen von FARO.

Maximaler Sichtschutz für ungestörte Ecken, z. B. auf Terrassen.

Der FARO Rosenbogen ist ein romantischer Blickfang auf dem Grundstück, eine Freude für den Besitzer und eine Augenweide für Passanten.

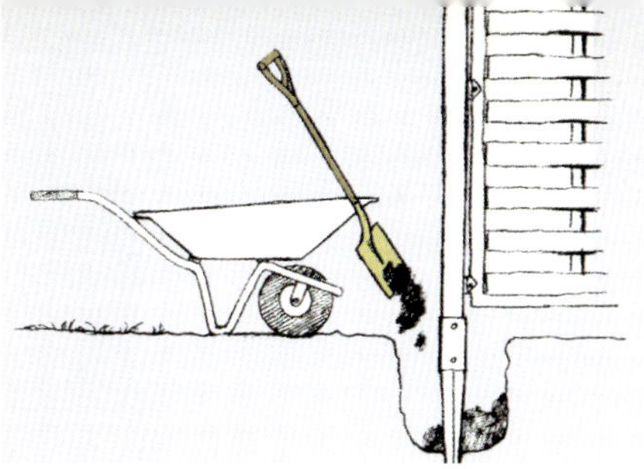

Leichte Montage

Detaillierte Anleitungen ermöglichen es Heimwerkern, die Umzäunung in Eigenarbeit zu errichten.

Qualität bis ins Detail

Die Pfosten (A) stehen in vier Systemlängen zur Verfügung und lassen sich mit einer Eisensäge beliebig kürzen. Die Pfostenkappe (C) als Schutz- und Dekoelement wird mit dem Pfosten verklebt. Das Pfosten-Profil (B) wird in den Pfosten eingeklipst.

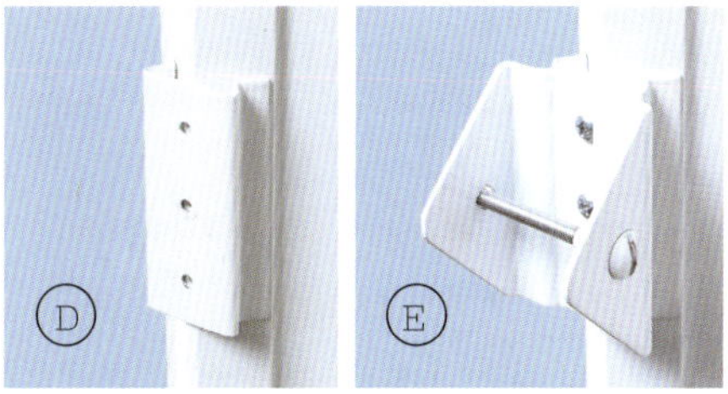

Der Adapter-45° (D) für die 45°-Ecklösung. Je Elementhalter benötigen Sie einen Adapter zusätzlich. Der zweiteilige Elementhalter (E) sieht von beiden Seiten gut aus und bringt doppelte Stabilität.

Infos unter: Brügmann TraumGarten GmbH
Kanalstraße 80 • D-44147 Dortmund
Tel. +49 (0) 2 31/99 86-0 • Fax 99 86-2 89
E-Mail: traumgarten@bruegmann.de
www.dream-garden.de

Garten- beleuchtung mit zauberhaften Lichteffekten

Ein schöner Garten hat zu jeder Jahreszeit seinen Reiz. Doch mit einsetzender Dämmerung verwischen die Konturen, und bald legt die Nacht ihren schwarzen Mantel über alles.

Wichtige Voraussetzung für eine wirtschaftliche und dauerhafte Lösung ist bei der Gartenbeleuchtung eine durchdachte Planung und die Auswahl der geeigneten Leuchten und Leuchtmittel.

Der erste Schritt auf diesem Weg ist die Vermessung des Gartens. Sie ist Grundlage für alle weiteren Maßnahmen. Bei der nun folgenden Planung gilt es, einige Fragen zu beantworten:

- Welche Gartenbereiche sollen beleuchtet werden?
- Sind Wege und Stufen zu markieren?
- Sollen Erdeinbauscheinwerfer und Unterwasserleuchten eingesetzt werden?
- Wo sind Mast-, Poller-, Sockel- oder Wandleuchten sinnvoll?

Wenn die Sonne Pause macht, setzen sie die Glanzpunkte im Garten: Die Leuchten und Feuerschalen von Garpa werfen ein sanftes Licht auf den Garten und zeigen, wo's langgeht in der Nacht.

Außerdem braucht die gelungene Lichtinszenierung harmonische Übergänge von Hell nach Dunkel, denn erst Dunkelzonen bringen die beleuchteten Bereiche zum Leben: Eine „Lichtsoße" ist auf jeden Fall zu vermeiden!

Die Leuchten

Nun kommt die Wahl der geeigneten Leuchten. Zum einem sollte sich ihr Design auch am Tag harmonisch in den Garten einfügen, zum anderen sollten ihre durchaus unterschiedlichen Lichtwirkungen miteinander harmonieren. Das Angebot der Leuchtenhersteller ist entsprechend vielfältig, und im Gespräch mit einem fachkundigen Verkäufer sollte bald eine zufrieden stellende Lösung gefunden sein.

In dem anspruchsvollen Programm von Noral gibt es eine Auswahl dekorativer Wand-, Sockel- und Mastleuchten.

Hier ein paar Hinweise:

- Mastleuchten, die in etwa zwei Meter Höhe einen größeren Radius erhellen, verbreiten ein angenehmes Allgemeinlicht.
- Niedrigere, nach unten und zur Seite strahlende Pollerleuchten sind eine Alternative für die Beleuchtung von Wegen und Eingangsbereichen.
- Erdeinbauscheinwerfer bringen die darüber liegenden Pflanzen besonders wirkungsvoll zur Geltung.
- In alle Richtungen dreh- und schwenkbare Strahler können auf Gewächse oder Kunstobjekte ausgerichtet werden.
- Die Anstrahlung von Büschen und Bäumen schafft räumliche Tiefe.

Die Lampen

Bei der Wahl der jeweils geeigneten Leuchtmittel hilft fürs Erste die Faustformel: Halogen-Glühlampen und PAR-Glühlampen für zeitlich begrenzte Beleuchtungsaufgaben, Energiesparlampen mit Schraubsockel oder Kompaktleuchtstofflampen mit Stecksockel für Dauerlicht. Halogen-Metalldampflampen oder Natriumdampf-Hochdrucklampen eignen sich sowohl für Anstrahlungen wie auch als Dauerlicht.

Spatensichere Kabel

Erdkabel sollten „spatensicher" in etwa 60 cm Tiefe im Erdreich verlegt werden. Kabelsteine oder Kabelabdeckungen geben zusätzlichen Schutz. Mehr Sicherheit bieten Leerrohre, in die auch mehrere Kabel eingezogen werden können. Richtig professionell ist die zusätzliche Verlegung des Warnbandes „Vorsicht Kabel" (ca. 20 cm über der Leitungsführung).
Empfehlenswert ist die Installation mit einem Niedervolt-System, da sie völlig ungefährlich und kinderleicht ist!

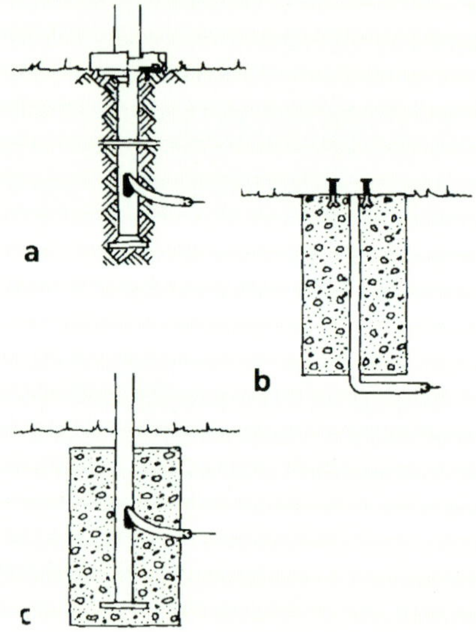

In gut verdichteten Böden geben im Erdreich fest verankerte Erdstücke ortsfesten Leuchten ausreichend Halt (a). In lockeren Böden garantiert ein Betonfundament Standfestigkeit. Leuchten mit Montageplatten werden auf das Erdstück oder direkt auf das ebenerdige Fundament gesetzt (b). Mit einem Erdstück verbundene Lichtmasten müssen einbetoniert werden (c). Leerrohre nehmen die Zuleitung auf.
Niedervoltanlagen sind kostengünstig, praktisch und einfach zu verlegen. Das Herzstück einer solchen Anlage ist der voll gekapselte Trafo, der einfach nur im Außen- oder Innenbereich an eine ganz normale 230 -Volt-Steckdose angeschlossen wird. Der Trafo liefert eine ungefährliche Ausgangsspannung von 12 Volt. Je nach Trafotyp lassen sich entweder ein

Jedes Lichthaus ist ein Unikat. Diese ansprechenden Leuchten sind aus Ton gebrannt und mit einer Salzglasur überzogen und somit allwettertauglich.
Abb.: Garpa

oder zwei Leitungsstränge anschließen. Jeder Leitungsstrang verträgt bis zu fünf Halogen-Lampen mit je 10 Watt Lichtleistung. Und auch der Stromverbrauch dürfte für die Niedervoltanlage sprechen, denn die fünf Halogenlampen verbrauchen nur 50 Watt, bei einer vergleichbaren 230-Volt-Beleuchtung würde sie bei gleicher Lichtausbeute mindestens 60 Prozent mehr Strom benötigen.

Moonlight-Leuchten avancieren immer mehr zum Designobjekt im Outdoor- und Indoorbereich.
Abb.: Moonlight

Wichtig:

Leuchten im Freien, also auch auf dem Balkon, müssen geschützt sein gegen das Eindringen von Spritzwasser und festen Fremdkörpern. Ihr Typenschild muss mindestens die Schutzart IP 44 ausweisen. Das CE-Symbol ist kein Sicherheitszeichen.

Setzen Sie stimmungsvolle Lichtakzente in Ihrem Garten. „Lunagard" ist eine besondere Gartenleuchte mit vielfältigen Gestaltungsmöglichkeiten.
Abb. oben und unten: Oase

Infos unter:

Noral GmbH
Stenzelring 17 • D-21107 Hamburg
Tel. +49 (0) 40/75 19 89-0 • Fax 7 51 98 9-49
E-Mail: info@noral.de
www.noral.net

OASE-PUMPEN Wübker Söhne GmbH & Co.
Tecklenburger Str. 161 • D-48477 Hörstel
Tel. +49 (0) 54 54/80-0 • Fax 80-2 35
E-Mail: Info@oase-pumpen.com
www.oase-pumpen.com

Fördergemeinschaft Gutes Licht
Postfach 701261 • D-60591 Frankfurt am Main
Tel. +49 (0) 69/63 02-0 • Fax 63 02-4 00
www.licht.de • www.fgl.de

Garpa Garten & Park Einrichtungen GmbH
Kiehnwiese 1 • D-21039 Escheburg bei Hamburg
Tel. +49 (0) 41 52/9 25 2 00 • Fax 9 25 2 50
E-Mail: info@garpa.de
www.garpa.de

Licht bedeutet Leben

Deshalb ist das Ziel der bima-Leuchtenserie, den Menschen sowie die Art und Weise seiner visuellen Wahrnehmung in den Mittelpunkt zu stellen. Eine ganzheitliche Lichtgestaltung heißt, äußere Form, Farbe und Struktur der Oberflächen zu enthüllen und zu beleben.

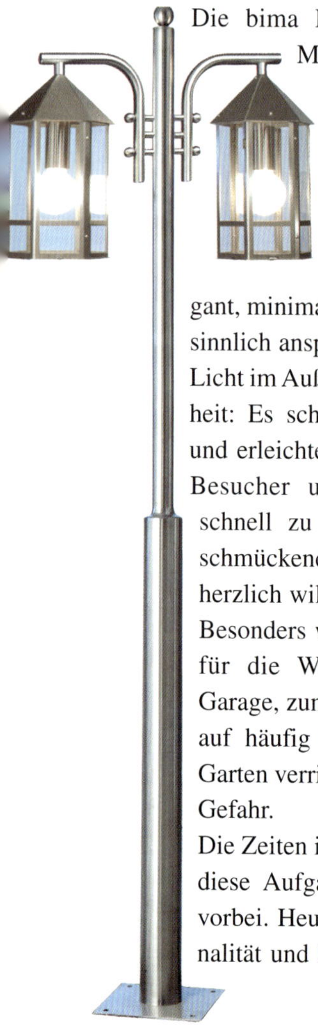

Die bima Leuchtenserie ist für Menschen mit Sinn für schlichte Klarheit sowie Freude an hochqualitativen Materialien in perfekter Verarbeitung. Funktional und doch extravagant, minimalistisch kühl und doch sinnlich ansprechend.

Licht im Außenbereich gibt Sicherheit: Es schützt vor Stolperfallen und erleichtert es den Bewohnern, Besucher und deren Absichten schnell zu erkennen. Und: Das schmückende Licht heißt Gäste herzlich willkommen.

Besonders wichtig ist gutes Licht für die Wege zum Haus, zur Garage, zum Kellereingang. Auch auf häufig benutzten Wegen im Garten verringert Beleuchtung die Gefahr.

Die Zeiten in den Halogenstrahler diese Aufgabe übernahmen sind vorbei. Heutzutage steht Funktionalität und Design nicht mehr im

Serie „Leonessa“
Edelstahl-Wandarmleuchte hängend

Serie „Leonessa“
Edelstahl-Wandarmleuchte stehend

Serie „Leonessa“
Edelstahl-Pfeilerleuchte

Serie „Ferrara“
Edelstahl-Wandarmleuchte hängend

Serie „Ferrara“
Links: Edelstahl-Wandleuchte
Rechts: Edelstahl-Wandarmleuchte stehend

Serie „Verona“
Edelstahl-Wandarmleuchte stehend

Serie „Verona“
Edelstahl-Wandleuchte, klein und groß erhältlich

Klassisch und traditionell

Abb. oben:
Stahl-Wandleuchte „Brescia“, auch in anderen Farben erhältlich

Abb. links:
Serie „Verona“
Edelstahl-Pfeilerleuchte

Abb. rechts:
Stahl-Wandleuchte „Rieti“, auch in anderen Farben erhältlich

Widerspruch, wie bima mit seinen Leuchtenserien beweist.

Erst die geschmackvolle Beleuchtung macht einen Gartentraum perfekt. Daher bietet Ihnen bima ein komplettes, perfekt aufeinander abgestimmtes Produktportfolio, das Ihnen die Möglichkeit gibt, Ihre Wünsche zu verwirklichen. In dem umfangreichen Sortiment finden Sie Stand-, Weg- und Wandleuchten in den unterschiedlichsten Ausführungen. Ein Highlight ist die Serie *Leonessa*. Ihr einfaches und kraftvolles Design gibt dieser Edelstahl-Serie den besonderen Ausdruck. Sowohl in Ihrem Garten wie auch im Innenbereich erfüllen die Edelstahl-Leuchten viele Funktionen. Die dekorativen Leuchten sind einfach zu installieren sowie TÜV- und GS-geprüft. Das ist verbraucherfreundlich und bietet Ihnen absolute Sicherheit.

Egal ob modern, klassisch oder traditionell, bei bima finden Sie für jeden Geschmack die passende Leuchte. Fordern Sie deshalb den kostenlosen Leuchtenkatalog an. Sie werden überrascht sein, welche Möglichkeiten sich Ihnen bieten.

Infos unter: bima Industrie + Service GmbH
Floßwörthstraße 39 • D-68199 Mannheim
Tel. +49 (0) 621/84505-190 • Fax 84505-907
E-Mail: info@bima.de • www.bima.de

Licht ist Emotion

Was ist das Besondere an diesen Leuchten? Sie wurden – deshalb „Moonlight“ – für den Einsatz im Outdoor-Bereich konzipiert. Aber auch im Innenraum verschönert ihr sanfter Schein das Wohnambiente.

Um die Illusion eines Mondes aufrechtzuerhalten, sind sämtliche Sockelarten für den Betrachter nicht zu erkennen – die Leuchten scheinen sockellos.
Die tagsüber ganz im klassischen Weiß auftretenden Kugeln und Halbkugeln enthüllen erst in der Nacht ihr wahres farbiges Gesicht. Licht ist Emotion. Und hier richten sich die Moonlight-Leuchten nach der Emotion des Besitzers. Ein einzigartiges, weltweit patentiertes Filtersystem ermöglicht die Wahl zwischen 24 Farbtönen, abgestuft in viele verschiedene Schattierungen.
Hinter dem schönen Schein steht solide Qualität: Die Moonlight-Leuchten werden einzeln aus Polyethylen gegossen. Sie sind äußerst schlagzäh und robust. Temperaturen von -40°C bis +80°C bereiten keinerlei Probleme. Selbstverständlich sind UV-Stabilität, Langlebigkeit und eine wasserdichte Ummantelung.

Die schwimmenden Leuchten sind für Pools, Teiche und Seen geeignet. Sie lassen ihre Umgebung durch Spiegelungen und Reflexionen (weiß oder farbig) in einem anderen Licht erscheinen.

Die Vollkugeln werden mit vier verschiedenen Sockelarten in den Größen 250 mm bis 750 mm angeboten. Sie sind für den Außen- und Innenbereich gleichermaßen geeignet.

Infos unter:
Moonlight Aussenleuchten GmbH
D-79664 Wehr
Tel. +49 (0) 77 62/10 18 • Fax 22 03
E-Mail: info@moonlight.outdoorlightning.de
www.moonlight.outdoorlightning.de

Vor zehn Jahren hat der Gartenarchitekt auch seinen deutschen Kollegen Christoph Laade mit der Idee angesteckt, fremde Gartentore für Blumenfreunde zu öffnen – eine sehr lebendige Infektion, wie Laade zu berichten weiß.

Aus vier Angeboten für Reisen in die Niederlande und nach England sind inzwischen 40 Reisen geworden. Neben klassischen Gartenreisen stehen nun auch Wanderreisen nach Kreta und auf die Kanalinseln auf dem Programm.

Ein gut gepflegter Internetauftritt und ein

Gartenreisen - die kleine große Welt der Blumen

Die „Gartenjäger" von Laade Gartenreisen spüren jedes Jahr besondere Gärten in Europa auf. Gärten, die getragen von der individuellen Handschrift der Besitzer zu unverwechselbaren Kunstwerken werden.

Seit über 20 Jahren reist der Niederländer Bert Vermeijden durch die Gärten Europas, stets bewegt von der Begeisterung für die schönste Verbindung zwischen Natur und Kunst, die Gärten.

informativer Katalog zeigen Ihnen die aktuellen Reisemöglichkeiten.

Hauptreiseland bleibt England, hier finden sich nun einmal die besten und verrücktesten Gärtner. Nirgendwo auf der Welt wird das Thema Garten so ernst genommen und so spielerisch behandelt. Im Frühjahr führen die ersten Fahrten nach Cornwall. Kontrastreich springen hier die klaren Farben der Kamelien, Azaleen und Rhododendren aus dem dunklen Grün. Primeln lassen ein zartes Gelb über die Wiesen wehen, der Waldboden scheint blaugewebt von Hasenglöckchen. Ein Reise zum Aufatmen nach dem Winter.

Wer es noch wärmer wünscht, dem sei die Wanderreise auf die Insel Kreta an Ostern empfohlen. Hier können Sie viele unserer Zimmerpflanzen an ihrem Naturstandort erleben. Mit Kräuterfrau Marianne können Sie auch Heilkräuter sammeln.

Rosige Tage versprechen gleich mehrere Reisen. An der Côte d'Azur besuchen Sie Rosengärtner und Parfumproduzenten, natürlich geht es auch zum Rosenfest in Grasse. Zur Hauptblüte der alten, duftenden Rosen laden Ende Juni Fahrten nach

East Anglia und in die Cotswolds ein. Auch in der niederländischen Provinz Zeeland verdreht die Rose dann umrankt von bunten Stauden begeisterten Gärtnern den Sinn. Eine Woche Blumenrausch versprechen die Reiseveranstalter. Die hohe Kunst der Staudenverwendung finden Sie ebenso in den großen englischen Anlagen wie Sissinghurst und Great Dixter wie in den kleineren privaten niederländischen und deutschen Gärten. Das Spiel der Blumenfarben kunstvoll auf die Kräfte des Bodens und des Klimas abzustimmen, bedarf oft eines ganzen Gärtnerlebens. Frau Heel und Frau Bennekom in Zeeland haben dieses Geheimnis gefunden und ihre Kenntnis weitergegeben an jüngere Gärtnerinnen wie Frau Dingemanns. Nutzen auch Sie die Erfahrungen der weisen Gärtnerinnen für Ihren Garten.

Von einem besonderen Phänomen wissen die Reisegärtner Vermeijden und Laade mittlerweile zu berichten: Auch bisweilen gartenmuffelige Ehemänner lassen sich von der Pracht der Gärten begeistern.

Infos unter:
Laade Gartenreisen
Am Aabach 24 • D-48683 Ahaus
Tel. +49 (0) 25 61/97 16 13 • Fax 97 16 15
E-Mail: info@gartenreisen-laade.com
www.gartenreisen-laade.de

Vom Gartentraum zum Lebensraum

Ihr Landschaftsgärtner baut und pflegt Ihren Hausgarten.

Immer mehr Menschen leben in städtischer Umgebung – dichte Bebauung, Straßen, Plätze, Hektik und Lärm sind das tägliche Umfeld und je weiter sich der Mensch von der Natur entfernt, umso größer wird die Sehnsucht nach ihr. Die etwa 2.700 Mitgliedsbetriebe des Bundesverbandes Garten-, Landschafts- und Sportplatzbau e.V. (BGL) leisten einen bedeutenden Beitrag, diese Sehnsucht nach Natur zu stillen. Sie legen Ihren ganz persönlichen Traumgarten an und übernehmen anschließend auch selbstverständlich die Pflege Ihres grünen Paradieses. Die landschaftsgärtnerischen Fachbetriebe erkennen Sie an ihrem gemeinsamen Logo. Als Kunde erhalten Sie in diesen Betrieben alle Leistungen von der Planung bis zur Pflege aus einer Hand, zu einem exzellenten Preis- Leistungsverhältnis. Den Experten für Garten und Landschaft in der Nähe und Informationen über seine vielfältigen Leistungen finden Sie unter www.galabau.de.

Von der Idee zur Umsetzung

Ein Garten hat viele Väter. Damit ist gemeint, dass viele Menschen Ideen und Ansätze hineintragen, aus denen letztlich ein Gesamtwerk wird. Als Ideenlieferant, als Ratgeber, als wohlwollend kritischer Betrachter stehen neben dem Landschaftsarchitekten die Landschaftsgärtner zur Verfügung. Zusammen mit den Wünschen und Anregungen der Kunden entsteht daraus ein Modellgarten. Dieser ist dann die Grundlage weiterer konkreter Gespräche und Angebote.

Vom Gartentraum zum Traumgarten

Ob Steingarten, mediterranes Grün, Wasserläufe, Schwimmteich, Terrasse, Pergola, Wege oder Mauern – Landschaftsgärtner gestalten Hausgärten nach den Wünschen ihrer Kunden von A bis Z aus einer Hand. Gut ausgebildete und erfahrene Mitarbeiter erkennen, welche Möglichkeiten ein Grundstück bietet und sind um Einfälle nicht verlegen. Sie beherrschen die Verwendung von Pflanzen und Baustoffen und wissen am besten, wie aus den Wünschen der Bauherren und einem Entwurf auf dem Papier ein dreidimensionales, lebendiges Bild werden kann. Auch in schwierigen Fällen. Wie viele wundervolle Gärten entstanden schon unter ungünstigen Bedingungen - auf Flächen, kaum größer als ein Wohnzimmer, in Hanglagen, auf Dächern - und sind heute der Stolz ihrer Besitzer!

ZuhauseWohnen
STECKT JEDEN MONAT VOLLER IDEEN.
Ideen fürs Bad!
Super Deko
Schönes zum Selbermachen
Toll für Gäste!
TopAdressen
Wohnberatung!!
zuhause wohnen
44 Seiten Extra
Wände kreativ gestalten
Die neuen Trends
76 Seiten Extra
Haus & Ideen
Stil-Mix
72 Seiten Extra
Wohnen wie im Süden
92 Seiten Extra
Bad & Ideen
Landhaus-Stil für Genießer

Ratgeber besonderer Art

Nach dem erfolgreichen Konzept des Garten-Plansets gibt es auch das Haus- und Wohn-Planset. Planungsmappen mit schönsten Wohnbeispielen und Informationen für den perfekten Bau.

Kompletter Inhalt:

Durch Auflegen dieser Spezial-Folie auf die Farbdrucke simulieren Sie eine Vielzahl von farbigen Materialien wie Fliesen, Teppich, Putz, Stoffe, Leder usw.

Eine Auswahl von Trend- und zeitlosen Farben und Holzmusterdrucken zum fantastischen Kombinieren.

Mit den speziellen Farbwaben kreiert jeder schönste Farbharmonien.

13 Lochmasken für harmonische Farbkombinationen.

Zeichenanleitung mit Zeit- und Kostenplan.

Möbelgrundrisse für Ihre maßstabsgetreue Grundrissgestaltung.

Haus-Planer mit 192 Seiten: Das Wichtigste von der Planung bis zur Ausführung. Informativ und verständlich mit einer Fülle von schönsten Ideen!

- Richtige Dacheindeckung
- Fassade
- Innenausbau von A–Z
- Türen und Fenster
- Dach- und Kellerausbau
- Heizungstechnologien
- Wärme und Schalldämmung
- Küche und Bad

Kompletter Inhalt:

2 Raumperspektiven auf Folie für das Farbgestaltungs-System vermitteln ein verblüffendes Farb-Raumgefühl

Ausgestanzte Möbelumrisse für maßstabsgerechte und praktische Grundrissplanungen

Wohnfaszination und Einrichtungstrends auf 192 Seiten. Mit einer Fülle von Ideen und Gestaltungsvorschlägen für alle Wohnbereiche

104 schönste Wohnfarben. 40 Akzenttöne und 20 Holzdrucke für Ihre persönlichen Farbcollagen

Neuartiges Farbgestaltungs-System, mit dem Sie Ihre persönliche Farbharmonie optimal selber kreieren. Mit exakter Gebrauchsanleitung und zahlreichen Beispielen.

- Moderne Küchen und Bäder
- Stilvoll speisen
- Schlafräume
- Der individuelle Wohnraum
- Wandgestaltung
- Ausgefallene Bodenbeläge

Die Plansets sind über den Buchhandel zu beziehen. Weitere Informationen: www.karl-mueller-verlag.de

Impressum

Redaktion und Gesamtleitung:
Klaus M. Bayer
– klaus.m.bayer@bauzirkel-verlag.de

Zeichnungen:
Susanne Fischer

Text:
Judith Bayer, Gudrun Vorwerk-Neumann, Dr. Barbara Toillié

Grafik-Design und Produktionsleitung:
Thomas Bittner
– thomas.bittner@bauzirkel-verlag.de

Fotografen:
K.M. Bayer, J. Becker, M. Stangl, A. Felbinger, H. Feußner, D. Möller, F. Thomas, W. Stehling, K.D. Bühler, U. Wittich, D. Wiesemann, U. Drees

Druck und Bindung:
Graspo CZ, a.s.
Gedruckt in Tschechien

ISBN: 3-89893-493-4

Der Kindertraum

Dieses entzückende Kinderhäuschen hat unsere Redakteure auf der Intern. Gartenfachmesse begeistert. „Villa Schwalbennest“ wird als Komplett-Bausatz auf Palette geliefert und läßt sich von 2-3 Leuten in ein paar Stunden aufbauen. Das Holz (Kiefer) wird roh angeliefert, d.h. es muss noch imprägniert oder so schön farbig angestrichen werden wie auf dem Bild. Das Dach ist gleich mit Schindeln vormontiert, die Fenster sind aus Sicherheitsgründen mit Plexiglas versehen.

Maße: Länge 2,31 Meter, Tiefe 1,47 Meter, Höhe (außen) 2,37 Meter, Veranda (extra) Länge 2,22 Meter, Tiefe 0,66 Meter, Höhe, 080 Meter. Und hier die Preise: Häuschen (Bausatz) inkl. Dach, Boden und Fracht: 899 Euro, Veranda: 129 Euro.

Zu beziehen bei:
Country Lifestyle · Schloss Eggeringhausen
Schulstr. 40 · D-59609 Anröchte
Tel. +49 (0) 29 47/97 05-11
www.country-lifestyle.de